① 作者到独龙族地区调研

② 阿昌族国家级文化遗产阿昌刀

③ 作者与阿昌刀传承人父子合影

④ 阿昌族地区一景（1）

⑤ 阿昌族地区一景（2）

⑥ 布朗族乡村旅游一景

⑦ 布朗族易地安置地一景

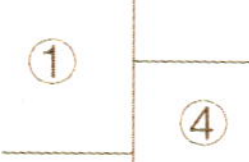


① 德昂族家庭一角
② 德昂族地区特色养殖情况
③ 基诺族群众在表演民族文化
④ 德昂族村寨一景
⑤ 独龙江乡人民政府大门
⑥ 课题组成员到毛南族地区调研

① 课题组到基诺族地区调研
② 课题组成员在布朗族地区留影
③ 课题组成员和德昂族群众合影
④ 课题组成员在芒市脱贫攻坚指挥部召开座谈会
⑤ 课题组到基诺族地区调研

| ① | ⑤ |
|---|---|
| ② | ⑥ |
| ③ | |
| ④ | |

① 课题组到景洪脱贫攻坚指挥部调研

② 课题组与阿昌族群众交流

③ 课题组与德昂族干部群众交流

④ 课题组在勐海县脱贫攻坚指挥部召开座谈会

⑤ 课题组与布朗族群众座谈

⑥ 课题组在陇川县脱贫攻坚指挥部召开座谈会

① 兰坪县精准脱贫攻坚作战图

② 作者（中）到毛南族地区调研

③ 作者（右二）与普米族扶贫干部合影

④ 课题组成员到基诺族产业示范基地调研

⑤ 仫佬族地区第一书记与小学生合影

① 作者去独龙江乡调研途中
② 作者与布朗族村支书合影
③ 作者与独龙族青年合影
④ 作者在阿昌族地区留影
⑤ 作者与德昂族干部合影

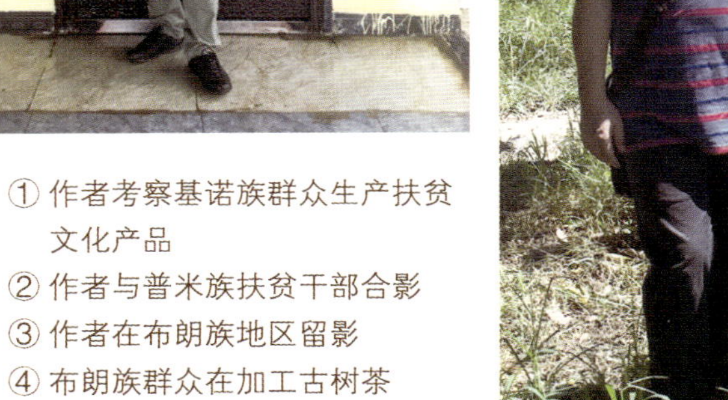


① 作者考察基诺族群众生产扶贫文化产品
② 作者与普米族扶贫干部合影
③ 作者在布朗族地区留影
④ 布朗族群众在加工古树茶
⑤ 作者与普米族扶贫干部合影
⑥ 作者在布朗族地区调研

① 作者在景颇族地区调研

② 作者在勐腊县磨憨口岸调研

③ 作者在普米族地区调研

④ 作者在景颇族地区调研

⑤ 作者和基诺族群众合影

| 国家社科基金西部项目 |

民族地区贫困治理与治理现代化丛书

# 一个都不能少

## 西南地区人口较少民族精准脱贫要略

农辉锋 著

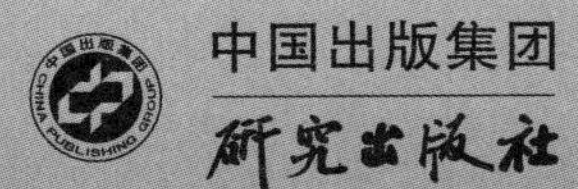

中国出版集团
研究出版社

图书在版编目 (CIP) 数据

一个都不能少：西南地区人口较少民族精准脱贫要略 /
农辉锋著 . -- 北京：研究出版社，2021.7
ISBN 978-7-5199-0474-6

Ⅰ . ①一… Ⅱ . ①农… Ⅲ . ①少数民族 – 民族地区 –
扶贫 – 概况 – 西南地区 Ⅳ . ① F127.7

中国版本图书馆 CIP 数据核字 (2021) 第 128538 号

出 品 人：赵卜慧
丛书策划：寇颖丹
责任编辑：寇颖丹

一个都不能少：西南地区人口较少民族精准脱贫要略
YIGE DOU BUNENG SHAO: XINAN DIQU RENKOU JIAOSHAO MINZU JINGZHUN TUOPIN YAOLÜE

农辉锋　著

研究出版社 出版发行
（100011　北京市朝阳区安华里 504 号 A 座）

河北赛文印刷有限公司　新华书店经销

2021 年 7 月第 1 版　2021 年 7 月北京第 1 次印刷
开本：710 毫米 × 1000 毫米　1/16　印张：13.25
字数：198 千字

ISBN 978 – 7 – 5199 – 0474 – 6　定价：56.00 元

邮购地址 100011　北京市朝阳区安华里 504 号 A 座
电话（010）64217619　64217612（发行中心）

# 总　序

《民族地区贫困治理与治理现代化丛书》即将出版。这是我们这个志同道合的研究团队，在近年来从事民族地区治理现代化这一领域研究所取得的学术成果的一个阶段性总结，可喜可贺！

中国是一个统一的多民族国家，中国共产党始终坚持以马克思主义的民族理论为指导，不断探索走中国特色解决民族问题的正确道路。党的十八大以来，以习近平同志为核心的党中央，站在实现中华民族伟大复兴这一全局战略高度，以铸牢中华民族共同体意识为主线，以各民族共同团结奋斗、共同繁荣发展为主题，纵深推进民族地区治理现代化。尤其是在“十三五”期间，党中央把贫困治理置于民族地区治理现代化的框架下，深入实施精准扶贫、精准脱贫方略，举全党全社会之力，推动脱贫攻坚战取得全面性胜利，一举解决了数千年来困扰各少数民族的绝对贫困问题，实现了全面建成小康社会“一个民族都不能少、一个民族都不能掉队”的庄严承诺，充分体现了党的领导的政治优势和社会主义集中力量办大事的制度优势。

作为这套丛书的主撰者，我们研究团队的几个核心人物都是少数民族。尽管学科背景不一，年龄跨度很大，但大家可谓趣味相投。深厚的民族情怀是我们共同的“基因”，为促进民族地区实现现代化添砖加瓦是我们始终不渝的初心和使命！或许就是这一“缘分”，使我们自然而然地走在一起，朝着共同的目标携手奋进！

2014年，凌经球教授主持的项目获得国家社会科学基金重点项目立项，研究的主题是滇桂黔石漠化片区的精准脱贫，黄启学教授和农辉锋副教授作为凌经球教授课题组的主要成员参与该项目。同年，陆鹏副研究员的项目也获得国家社科基金项目立项，研究的主题是民族区域自治问题。2016年，农辉锋副教授的项目也获得国家社科基金项目立项，研究的主题是人口较少民族精准脱贫问题。2017年到2020年，黄启学教授在参与上述课题研究的同时，接受广西百色市的委托，对作为左右江革命老区核心区——百色市的精准扶贫问题展开了全方位研究。上述的这些课题，虽然研究侧重点有所不同，但从宏观上看都属于民族地区治理现代化的问题。2018年至2020年，我们还先后承担了原国务院扶贫办组织开展的“新时代中国县域脱贫攻坚研究丛书”的课题研究任务，主持或作为主要成员完成了对广西龙州县、田阳县（现改为田阳区）和东兰县脱贫攻坚经验的总结。几年来，围绕这一主题，我们或一同深入民族地区基层调查研究，或相聚一堂对相关问题相互切磋，或天南海北地去分享学术“盛宴”……偶尔也为某个问题、某个观点争得面红耳赤，互不相让。此间，有时跋山涉水，难免会有舟车劳顿之感，但更多的是看到民族地区发生天翻地覆变化后的惊喜之情和共享完成某项任务之后的愉悦之情。

可喜的是，上述课题恰好都在全面建成小康社会、全国人民共同迈进全面小康的关键时点上得以顺利结项。于是，我们萌发了把这些成果汇编成一套丛书，以此记录在这一伟大历史进程中，我们所走过的路和做出的一点儿微薄贡献。更可喜的是，在中国出版集团研究出版社的大力支持下，我们的愿望最终得以实现。

本套丛书共四册，分别是：《精准脱贫研究：基于滇桂黔石漠化片区贫困农户可持续生计策略优化的视角》（凌经球等）、《民族区域自治制度之治：中央与民族自治区的多维审视与互动实证》（陆鹏）、《一个都不能少：西南地区人口较少民族精准脱贫要略》（农辉锋）、《脱贫攻坚与乡村振兴有效衔接研究：左右江革命老区核心区百色市的探索实践》（黄启学等）。

是为序。

凌经球

（中共广西区委党校、广西行政学院二级教授，研究员）

2021年3月17日

# 目　录

CONTENTS

## 第二章
## 逻辑起点：西南地区人口较少民族推进精准脱贫的基础分析



## 第三章
## “四个基本”：西南地区人口较少民族推进精准脱贫的实践探索



## 第四章
## “六个显著”：西南地区人口较少民族精准脱贫的历史性成就

## 第五章

## “五个坚持”：西南地区人口较少民族精准脱贫的基本经验



## 第六章

## “七个突出”：西南地区人口较少民族巩固拓展脱贫成果的难题分析

## 第七章

## “十大举措”：西南地区人口较少民族巩固拓展脱贫成果同乡村振兴有效衔接的对策建议



## 第八章

## “个案研究”：独龙族“整族脱贫”研究报告

# 绪 论

## 一、研究背景

### （一）"精准脱贫"提出的背景

一是"真扶贫、扶真贫"的提出。2003年1月20日，时任浙江省委书记的习近平同志在浙江"两会"期间这样论述扶贫工作："贫困地区也有100万元的富裕户，我们的扶贫要扶真贫，要把握贫困动态的变化，讲求针对性，使投入的钱真正让贫困户受益。"① 在这次会议中习近平同志还提出扶贫工作观念要明晰，定位要准确，要做到因地制宜"真扶贫，扶真贫"。2003年7月8日，习近平同志在《把帮扶困难群众放到更突出的位置》一文中提到："我们要把帮扶工作看作是分内的事。做好帮扶工作，关键是各级领导的心中要时刻装着群众。"② 2005年1月14日，习近平同志在《务必求真务实抓"三农"》一文中提出："就是要坚持讲实话、出实招、办实事，把推进'三农'工作的各项政策举措真正落到实处；就是要牢固树立正确的政绩观，切实转变工作作风，真心实意地为农民群众谋利益，善于带领农民群众共创美好生活。"③ "真扶贫、扶真贫"的实质就是要坚持以人民为中心，实事

---

① 曾伟、刘雅萱：《习近平的"扶贫观"：因地制宜"真扶贫，扶真贫"》，http://www.qstheory.cn/2019-08/15/c_1124879554.htm，2019-8-15。

② 习近平：《把帮扶困难群众放到更突出的位置》，《之江新语》，浙江人民出版社2017年版，第4页。

③ 习近平：《务必求真务实抓"三农"》，《之江新语》，浙江人民出版社2017年版，第107页。

求是，因地制宜，根据当地的实际情况开展扶贫，扎扎实实为贫困群众谋生存、谋发展。

二是“精准扶贫”的提出。2013年11月，习近平总书记在湖南省湘西土家族苗族自治州花垣县排碧乡十八洞村首次提出“精准扶贫”概念，并提出“不栽盆景，不搭风景”“不能搞特殊化，但不能没有变化”的要求。总书记还从共同富裕的角度要求不仅要自身实现脱贫，还要总结提炼出“可复制、可推广”的脱贫经验，进而提出了“实事求是、因地制宜、分类指导、精准扶贫”①的扶贫要求。

“精准扶贫”概念提出整整两年后，2015年11月，习近平总书记在中央扶贫开发工作会议上对“精准扶贫”这个概念做了全面的阐述，提出了“六个精准”②和“五个一批”③，提出要解决四个问题，即建档立卡解决“扶持谁”的问题、层层落实解决“谁来扶”的问题、符合需要解决“怎么扶”的问题、严格评估解决“如何退”的问题。针对“扶持谁”的问题，习近平总书记指出：“扶贫必先识贫。建档立卡在一定程度上摸清了贫困人口底数，但这项工作要进一步做实做细，确保把真正的贫困人口弄清楚。”④针对“谁来扶”的问题，习近平总书记指出：“推进脱贫攻坚，关键是责任落实到人。要加快形成中央统筹、省（自治区、直辖市）负总责、市（地）县抓落实的扶贫开发工作机制，做到分工明确、责任清晰、任务到人、考核到位，既各司其职、各尽其责，又协调运转、协同发力。”⑤针对“怎么扶”的问题，习近平总书记指出要按照贫困地区和贫困人口的具体情况，实施“五个一批”工程。针对“如何退”的问题，习近平总书记指出：“要加快

---

① 汪晓东、张炜、颜珂、赵丹彤：《总书记带领我们“精准脱贫”》，《人民日报》2018年10月05日，第1版。

② “六个精准”：扶持对象精准、项目安排精准、资金使用精准、措施到户精准、因村派人精准、脱贫成效精准。

③ “五个一批”：发展生产脱贫一批、易地搬迁脱贫一批、生态补偿脱贫一批、发展教育脱贫一批、社会保障兜底一批。

④ 中共中央党史和文献研究院：《习近平扶贫论述摘编》，中央文献出版社2018年版，第63页。

⑤ 同上，第65页。

建立反映客观实际的贫困县、贫困户退出机制，努力做到精准脱贫”[①]，并提出要设定时间表、留出缓冲期、实行严格评估、实行逐户销号等四大措施。

三是“脱贫攻坚”的提出。2015年在中央扶贫开发工作会议上，习近平总书记指出：“党的十八届五中全会从实现全面建成小康社会奋斗目标出发，明确到二〇二〇年我国现行标准下农村贫困人口实现脱贫，贫困县全部摘帽，解决区域性整体贫困。这次五中全会把扶贫攻坚改成了脱贫攻坚，就是说到二〇二〇年这一时间节点，我们一定要兑现脱贫的承诺。”[②] 总书记还指出：“打赢脱贫攻坚战，不是轻轻松松一冲锋就能解决的，全党在思想上一定要深刻认识到这一点。”[③] 总书记又指出：“打赢脱贫攻坚战，解决好贫困人口生产生活问题，满足贫困人口追求幸福的基本要求，这是我们的目标，也是我们的庄严承诺，是国内外皆知的庄严承诺。我们一定要如期兑现承诺。”[④] 在总书记多次论述下，“脱贫攻坚”已成为决胜期出现频率最高的词汇之一。

### （二）“一个都不能少”提出的背景

“全面建成小康社会，一个民族都不能少”是中国共产党的庄严承诺，是习近平总书记的一贯主张。这一庄严承诺源于习近平总书记和独龙族群众代表座谈的讲话。独龙族是只有6900多人口的人口较少民族，也是中华人民共和国成立初期一个从原始社会末期直接过渡到社会主义社会的“直过民族”，主要聚居在云南省怒江傈僳自治州贡山独龙族怒族自治县的独龙江乡。独龙江乡地处深山峡谷，过去每年有大半年时间因大雪封山，使得独龙族人民与世隔离。2014年，工程难度极大的高黎贡山隧道通车，从此独龙族人花3个小时即可到县城，实现了以最短的时间与外界联通的愿望。2014年元旦前夕，在高黎贡山隧道即将通车的时刻，贡山县独龙江乡干部群众致信习

① 中共中央党史和文献研究院：《习近平扶贫论述摘编》，中央文献出版社2018年版，第71页。

② 同上，第11—12页。

③ 同上，第14页。

④ 同上，第20页。

近平总书记，报告了多年期盼的高黎贡山独龙江公路隧道即将贯通的消息。习近平总书记接到信后立即给他们回信："向独龙族的乡亲们表示祝贺！"希望独龙族群众"加快脱贫致富步伐，早日实现与全国其他兄弟民族一道过上小康生活的美好梦想"。

2015年1月20日，习近平总书记在云南省考察时在行程中特地抽出时间，把当初写信的5位干部群众接到昆明来见面。习近平总书记在与他们的座谈中指出，我们要继续发挥我国制度的优越性，继续把工作做好、事情办好。全面实现小康，一个民族都不能少[①]。在这里习近平总书记第一次提出了"一个民族都不能少"这个重大命题。此后习近平总书记还在不同场合多次强调了这个问题。2015年1月29日，习近平总书记在国家民委《民族工作简报》第6期《"中国扶贫开发第一村"福建宁德市赤溪畲族村各族群众全面迈入小康生活》上批示："全面实现小康，少数民族一个都不能少，一个都不能掉队。"[②] 2015年3月8日，在《参加十二届全国人大三次会议广西代表团审议时的讲话》中，习近平总书记指出"要把扶贫攻坚抓紧抓准抓到位，坚持精准扶贫，倒排工期，算好明细账，决不让一个少数民族、一个地区掉队"[③]。习近平总书记还曾在不同场合多次强调"全面建成小康社会，一个民族都不能少""不能丢了农村这一头""绝不能让一个苏区老区掉队"。2020年"两会"前夕，习近平总书记对毛南族实现整族脱贫作出重要指示："得知毛南族实现整族脱贫、乡亲们生活有了明显改善，我感到很高兴。全面建成小康社会，一个民族都不能少。近年来，多个少数民族先后实现整族脱贫，这是脱贫攻坚工作取得的重要成果。希望乡亲们把脱贫作为奔向更加美好新生活的新起点，再接再厉，继续奋斗，让日子越过越红火。"[④]这足以说明，少数民族特别是人口较少民族由于受各方面因素影响，具有一定特

① 李斌、李自良：《"全面实现小康，一个民族都不能少"：习近平总书记会见贡山独龙族怒族自治县干部群众代表侧记》，《光明日报》2015年1月23日，第1版。

② 中共中央党史和文献研究院：《习近平扶贫论述摘编》，中央文献出版社2018年版，第6页。

③ 《习近平论扶贫工作——十八大以来重要论述摘编》，《党建》2015年第12期，第6页。

④ 习近平：《把脱贫作为奔向更加美好新生活的新起点，再接再厉继续奋斗让日子越过越红火》，《人民日报》2020年5月21日，第1版。

殊性和复杂性，是精准脱贫攻坚的主战场，是全面建成小康社会的重中之重，因而探索人口较少民族地区精准扶贫之路，事关我国全面建成小康社会大局和边疆安宁及边境安全。

## 二、学术回顾

国外关于对中国少数民族精准脱贫的研究基本没有，但国外学者对贫困问题的研究为中国学者研究中国少数民族的扶贫问题提供了方法借鉴。贫困研究的理论渊源最早可以追溯到亚当·斯密、大卫·李嘉图等古典经济学家，马克思的制度贫困论堪称是对人类社会贫困根源最为深刻的揭示。但就学术规范而言，对贫困问题进行开创性研究的首推英国学者本杰明·西博姆·朗特里。“二战”以后如何迅速摆脱贫困是发展中国家普遍面临的严峻问题，因而对贫困问题的研究在国外学术界迅速兴起。100多年来，国外学者重点针对贫困内涵、贫困衡量以及贫困治理等问题开展了研究。

首先，对贫困内涵的界定。朗特里（1901）提出了“绝对贫困论”，他认为绝对贫困是“一个家庭的可支配收入不能支付家庭人口基本生存所需的食物、衣着、住房和燃料的最低费用”。与之相对应，有学者从社会公平角度提出了“相对贫困论”（加尔布雷斯，1958；彼得·汤森，1979；劳埃德·雷诺兹，1986；Pete Alcock，1993；等等），但至今仍有分歧。阿马蒂亚·森（1981）认为，相对贫困只能是绝对贫困的补充而非替代，贫困概念中有一个不可缩减的绝对贫困的内核。另外，还有学者提出了“主观贫困论”（Hagenaars & Van Praag，1985）、“排斥贫困论（剥夺论）”（Rene Lenoir，1974）等。

其次，对贫困衡量的方法构建。朗特里（1901）提出了“绝对贫困线构造法”，他采用“一篮子”商品方法，测算了英国约克市几种不同人口规模的工人家庭维持其基本生存所需的最低限度必需品的消费支出，并以此作为衡量其是否处于贫困的标准。Townsend（1974）提出了“相对贫困线构造法”，他确定相对贫困线的关键在于依据整个社会的收入分布，找到社会大众认为公平的一定比例或平均收入比重的平衡点。此外，还有西奥·戈德哈特（1978）提出的“主观贫困线构造法”、乔安娜·迈克和斯图亚特·兰斯利（1983、1990）提出的“共识型贫困线构造法”等。

最后，对贫困成因和治理路径的多维度探讨。从贫困成因来看，理论界主要从资本视角、结构视角、个体视角及综合视角四个方面来探讨。资本视角，是经济学家运用发展经济学理论来分析落后国家经济发展滞后而导致的收入低下，提出了以增加资本投入、促进经济结构转变、推动区域经济发展为主旨的反贫困战略（如罗森斯坦·罗丹，1943；纳克斯，1953；纳尔逊，1956；莱因斯坦，1957；刘易斯，1954；赫希曼，1958；缪尔达尔，1968；库兹涅茨，1955；沃勒斯坦，1974；萨米尔·阿明，1970；佩鲁，1950；等等）。结构视角，是社会学家运用社会学理论探寻社会结构对贫困产生的影响因素及其传导机制，注重从制度、文化等结构层面提出解决贫困问题的理论和政策建议（如奥斯卡·刘易斯，1959；海曼·罗曼德，1963；G.D.Lenski，1966；等等）。个体视角，主要是基于个体、家庭及社区等微观层面来分析贫困成因，提出了加强人力资本投资、社区参与以及对弱势群体赋权等反贫困策略（如西奥多·W.舒尔茨，1979；World Bank，1994；Gutierres、Delois & Glenmaye，1995；等等）。综合视角，即学者们基于对贫困内涵的理解从单一向多维度和多元化的转变，提出综合性的可持续生计分析框架（Chambers R、Conway G R，1992；DFID，1999；等等）和社会资本的治理范式（布迪厄，1986；科尔曼，1988；林南，2001；等等）以及联合国《变革我们的世界——2030年可持续发展议程》（2015）中提出的“一揽子”治理策略等。

借鉴国外这些研究成果，我国学者主要从五个方面对少数民族贫困问题开展研究。

一是对少数民族贫困特征、原因及相应对策的分析。康晓光（2001）指出我国的区域性贫困在很大程度上也就是少数民族的贫困问题。也有学者实证分析了这种相对严重性的状况（杨清震、周晓燕，2001；肖雁，2005）。

二是分析了少数民族贫困的成因。主要有：自然条件与地理环境的制约

（李志刚、刘晓春，2002；彭贤伟，2003；敬莉，2008；李啸浪、梁颖、孙兴，2009）；经济发展水平低，基础薄弱（郑长德，2003）；人口增长快，人力资本欠缺（杨云，2007；吕宁、曾锐，2009）；传统价值观念和生活方式的束缚（李国和，2003；敬莉，2008）；历史因素造成（韩彦东，2005；丁汝俊、敏生兰，2005）以及少数民族封闭保守意识的影响（杨清震、周晓燕，2001）；等等。

三是对少数民族扶贫开发进行反思。有学者在总结国际扶贫经验的基础上提出穷人的参与和授予他们一定的权利，以及提高他们现有的实力是可持续性扶贫的重要切入点（吴海鹰、马夫，2005；张晓琼，2006）。值得一提的是，学者在对少数民族扶贫出谋划策时，都比较强调要尊重民族发展的差异性（韩彦东，2005）。另外，与民族差异性相关的是学者对民族地区资源商品化的倡导（陈景辉、成艳彬，2005；张澎、腾建旭，2003；谢元媛，2005）。

四是对少数民族的精准扶贫进行探索。主要有：阐释精准扶贫的科学内涵（汪三贵、郭子豪，2015；沈茂英，2015；黄承伟、覃志敏，2015；李鲲、叶兴建，2015；左停、杨雨鑫、钟玲，2015）；分析实施精准扶贫的主要障碍（唐丽霞、罗江月、李小云，2015；沈茂英，2015）；提出实施精准扶贫的对策思路（周民良、时保国，2015；刘解龙，2015；邓维杰，2014）；总结各地实施精准扶贫的经验，如贵州省威宁县精准识别的“四看”法（贵州省委政策研究室，2015）、甘肃省陇南市精准扶贫的实践探索（中共中央党校第38期中青一班四支部陇南调研组，2015）；等等。

五是关注2020年后民族地区相对贫困问题。进入“十三五”时期，学术界研究的主要角度有：其一，思考了2020年后贫困治理的战略转型重点（谷树忠，2016；张琦，2016；左停，2016；李小云，2018；魏后凯，2018；谭诗斌，2018；孙久文等，2019；向德平等，2019；白永秀等，2019；等等）。其二，分析了2020年后相对贫困的主要特点（唐任伍，2019；关信平，2018；等等）。其三，讨论了相对贫困的治理政策（汪三贵等，2018；桂华，2019；高强等，2019；叶兴庆等，2019；等等）。其四，构想了相对贫困治理的新模式（左停，2016；唐任伍，2019；黄征学等，2019；等等）。其五，提出了相对贫困治理的新机制（黄承伟，2016；关信平，2018；李小云，2019；等等）。其六，探讨了2020年后民族地区的相对贫困问题（郑长德，2018）。

国内对人口较少民族扶贫问题的研究源于1999年费孝通关于专门研究几个人口较少民族发展问题的建议。根据费孝通的建议，国家民委于2000年组织国内20余位专家学者组成课题组，按照统一的大纲开展实地调查，掌握了丰富详细的第一手资料，提出了实施扶持人口较少民族发展的必要性和可行性。2005年，国家实施扶持人口较少民族发展政策后，学术界及相关部门从民族扶持政策等方面对人口较少民族进行了较为广泛的研究。

韩有峰（2002）、黄剑波（2003）、李岚（2004）、王铁志（2005）、吴海鹰和马夫（2005）、李学华（2006）、青觉（2009）、何群（2009）、李娜（2010）、张韬（2010）等在整体上对我国人口较少民族的发展状况开展了研究；王海飞（2012）、白洁（2008）和王子文（2010）从文化视角进行了探讨。韩彦东（2008）、张销（2010）、李英勤（2013）等重点论述了人口较少民族的经济发展问题；郭建斌（2008）、李宣林（2000）、李若青（2011）、刘扬（2012）、袁春艳（2012）、方明（2012）、李焱（2013）、韩斌（2014）和冼祥芳（2015）则对云南省人口较少民族的扶贫问题进行了专门研究。朱玉福（2015）系统阐述了我国扶持人口较少民族发展的理论与政策实践的相关问题。进入“十三五”时期，杨九迎（2016）、屈静芸（2017）、耿新（2017）、杨艳（2018）、朱玉福和伍淑花（2018）、李缘（2018）等对西南某个人口较少民族开展精准扶贫进行了研究；王珊（2016）、刘兴全等（2017）、王艳（2017）、汪月（2017）、耿新（2019）、刘晓春（2019）等则对扶持人口较少民族的政策效应进行总结研究；等等。

对现有研究动态的评析：一是国外对贫困及相对贫困的内涵界定、测度方法、贫困成因及治理路径的研究呈现出系统化、精细化的鲜明特征；二是当前精准脱贫已成为国内学术界关注的热点之一，我国学者在扶贫理论的本土化创新上亮点纷呈。这为本课题研究提供了理论依据和方法借鉴，但研究的深度和广度仍有待进一步拓展。主要表现为：一是对精准脱贫普遍侧重于一般性的研究，而对人口较少民族精准脱贫特殊性研究的文献尚不多见；二是对西南地区人口较少民族精准脱贫面临的特殊难点问题尚缺乏必要的分析研究；三是对实现西南地区人口较少民族精准脱贫的对策措施的针对性和可操作性尚不够强；四是前沿性问题急需进行前瞻性探索。如，发展不平衡不充分是我国发展的主要矛盾，发展不充分且城乡内部发展不平衡等问题在人口较少民族地区尤为突出，这决定其在未来我国的相对贫困治理及乡村振兴中应是重中之重。但现有相关文献颇少，研究深度和广度有待拓展。

## 三、相关概念的界定

### （一）中国人口较少民族

“人口较少民族”这一概念是近20年才出现的新概念。在学术史上，西方民族学、人类学、社会学界多用“初民”“土著”“原住民”“部落民”等术语指称人口数量相对较少的族群。苏联曾将其国内人口较少的民族称为“小民族”。我国学术界早期也曾使用“小民族”“少小民族”“弱小民族”等名称，“人口较少民族”这一称呼第一次出现在官方文件是在2001年国务院出台的《关于扶持人口较少民族发展问题的复函》一文中。2005年，国务院在《国务院实施〈中华人民共和国民族区域自治法〉若干规定》这一重要文件中第一次在我国法规中使用“人口较少民族”的名称。与前述几种称呼相比，“人口较少民族”这一称呼更显实事求是与价值中立，没有语言歧视的偏向，因而被广泛接受。

我国对人口较少民族人口数量的划分标准经历了两次，第一次是2005年，国家民委、国家发展改革委、财政部、中国人民银行以及国务院扶贫办在《扶持人口较少民族发展规划（2005—2010年）》中依据2000年第五次全国人口普查数据，规定了人口较少民族的基数划分标准为10万人以下。据此，当时有22个民族为人口较少民族，他们分别是毛南族、撒拉族、布朗族、塔吉克族、阿昌族、普米族、鄂温克族、怒族、京族、基诺族、德昂族、保安族、俄罗斯族、裕固族、乌兹别克族、门巴族、鄂伦春族、独龙族、塔塔尔族、赫哲族、高山族、珞巴族[①]。第二次是2011年，即依据2010年第六次人口普查数据，以民族人口在30万人以下为标准。据此，2011年6月20日国家民委、国家发展改革委、财政部、中国人民银行、国务院扶贫办在《扶持人口较少民族发展规划（2011—2015年）》中，在已有22个人口较少民族的基础上又增加了景颇族、达斡尔族、柯尔克孜族、锡伯族、仫佬族、土族等6个民族，共有28个民族。这28个人口较少民族恰好为我国民族种类的一半，但总人口数仅为169.5万人，只占少数民族人口总数的1.66%，是名副其实的人口较少民族。

### （二）西南地区人口较少民族

我国28个人口较少民族中，属于西南地区的有毛南族、仫佬族、京族、布朗族、德昂族、普米族、怒族、独龙族、基诺族、阿昌族、景颇族、门巴族及珞巴族等13个民族，根据2010年第六次人口普查数据统计，其总人口数为797928人，约占全国28个人口较少民族人口总数的47%。在西南地区人口较少民族中，有8个是直接从原始社会末期直接过渡到社会主义社会的“直过民族”，分别是景颇族、德昂族、独龙族、怒族、布朗族、基诺族、门巴族和珞巴族。这些人口较少民族主要居住在西南石山岩溶地区、高原高寒山区和热带丘陵地区，生存环境极其恶劣，生产生活特别困难，具有“边”（地处深山区、边境地区）、“低”（经济社会发展水平低）、“弱”（自我发展能力弱、生态脆弱）、“穷”（贫困面广、程度深）等特点，他们是脱贫攻坚战中“短板中的短板、重点中的重点、难啃中最难啃的骨头”。在共享发展背景下，破解西南地区人口较少民族精准脱贫的难题，使其如期实现脱贫，事关我国全面建成小康社会大局，事关边疆安宁和边境安全，其重要意义不言而喻。

---

① 国家民委、国家发展改革委、财政部、中国人民银行、国务院扶贫办：《扶持人口较少民族发展规划（2005—2010年）》，广西壮族自治区民委《民族经济政策文件汇编（2008—2012年）》，第541—542页。

### （三）精准脱贫

2016年7月20日，习近平总书记在《在东西部扶贫协作座谈会上的讲话》中指出："现在，扶贫开发到了攻克最后堡垒的阶段，所以党的十八届五中全会把'扶贫攻坚战'改成了'脱贫攻坚战'"[①]。有鉴于此，本研究所谓的"精准脱贫"主要是指2015—2020年"十三五"期间（决胜期）西南人口较少民族地区开展的轰轰烈烈的脱贫攻坚战。

## 四、研究意义

### （一）学术意义

第一，从西南地区人口较少民族的特殊性入手对其精准脱贫问题进行研究，尝试构建具有中国特色的民族地区贫困治理分析框架，可进一步丰富和发展精准脱贫的理论，在理论上具有建构性价值。

第二，紧扣西南人口较少民族地区的特殊性，应用民族生态学、民族经济学、人类学等多学科相关理论对西南地区人口较少民族精准脱贫问题进行研究，探寻其解决贫困问题的有效策略，在方略上具有工具性价值。

### （二）理论意义

第一，深入开展精准脱贫，扶持人口较少民族发展，体现了中国共产党的初心和使命，体现了社会主义制度的优越性。深入研究人口较少民族精准脱贫的执行成效和完善措施，对丰富我国民族政策体系和贫困治理理论具有双重意义。

第二，对西南人口较少民族地区开展精准脱贫的情况进行研究，分析政策的沿革及其在基层的执行情况、取得的成效、存在的问题以及完善的措施建议，不仅能为下一步实施人口较少民族相对贫困治理及乡村振兴提供决策的理论依据，还能进一步完善党和国家的民族政策理论体系。

---

① 中共中央党史和文献研究院：《习近平扶贫论述摘编》，中央文献出版社2018年版，第18页。

### （三）现实意义

第一，坚持问题导向，聚焦决胜期西南人口较少民族地区精准脱贫的重点、难点和关键点，提出今后巩固拓展脱贫成果与乡村振兴有效衔接具有一定可操作性和指导性的政策框架和对策建议，可为西南地区各级政府实施人口较少民族巩固拓展脱贫攻坚成果同乡村振兴有效衔接提供决策参考。

第二，通过总结提炼西南人口较少民族地区精准脱贫的实践探索，为国内外各地提供贫困治理可借鉴的经验。

## 五、研究内容及方法

### （一）研究内容

本书的研究内容为西南人口较少民族地区精准脱贫的基础、实践探索、难点与对策问题，具体是：

第一，对我国人口较少民族开展精准脱贫的意义进行多维审视。

第二，分析西南地区13个人口较少民族的基本概况，同时对“十一五”和“十二五”期间西南地区扶持人口较少民族发展的成效及仍然存在的难点进行分析。

第三，对决胜期（“十三五”期间）西南地区人口较少民族开展精准脱贫的实践、成就和经验进行总结。

第四，对西南地区人口较少民族巩固拓展脱贫成果同乡村振兴有效衔接面临的难点及对策进行分析研究。

第五，对西南地区人口较少民族中最具特色的独龙族在决胜期实现整族脱贫进行个案研究。

### （二）研究方法

第一，文献研究法。一方面，全面收集经济学、民族学、社会学等学科关于相对贫困治理的国内外相关文献，系统梳理精准扶贫理论及相关国家扶贫开发政策、相关规划、相关文献，及时掌握前沿研究动态；另一方面，在调研中尽可能收集各级党政部门开展精准脱贫的各种总结、规划、领导讲话等文本。

第二，田野调查法。一方面，先后与课题组成员到云南省怒江傈僳族自治州贡山独龙族怒族自治县，云南省德宏傣族景颇族自治州陇川县、芒市，云南省西双版纳傣族自治州景洪市、勐海县、勐腊县及广西壮族自治区罗城仫佬族自治县和环江毛南族自治县等地的人口较少民族地区进行调研，对其中县、乡（镇）、村干部等进行深度访谈，全面掌握西南人口较少民族地区实施精准扶贫的主要措施和取得的成效以及存在的主要问题，深入了解基层贫困治理状况；另一方面，选取广西环江毛南族自治县下南乡景阳村做为持续观察的调查点。

第三，比较研究方法。本研究通过设立共同的指标对西南地区13个人口较少民族的地理、社会、民族、经济发展水平和贫困状况综合运用横向比较和纵向比较进行研究。

# 第一章

# “八个要求”：我国人口较少民族精准脱贫的多维审视

党的十八大以来，习近平总书记在继承中国共产党历代领导贫困治理理论的基础上对扶贫工作作出了一系列重要论述，提出了一系列新思想、新观点和新要求，同时以政治家的眼光对扶贫开发工作作出了整体部署。这为打赢新一轮脱贫攻坚战奠定了坚实思想基础和行动指南。少数民族特别是人口较少民族地区普遍存在贫困人口多、贫困面广、贫困程度深等现象，是精准脱贫攻坚的难点和重点地区，是精准脱贫攻坚的主战场，因而探索人口较少民族地区精准扶贫之路，是新时代民族工作和扶贫工作的重要内容之一，兼具学理性与实践性意义。

## 一、人口较少民族整族脱贫是社会主义共同富裕的本质要求

共同富裕是社会主义的本质要求，也是社会主义制度优越性的具体表现，更是中国共产党人坚定的价值取向。2012年12月29日，习近平总书记在河北省阜平县考察扶贫开发工作时旗帜鲜明地指出："消除贫困、改善民生、实现共同富裕，是社会主义的本质要求。"①

为人民谋幸福是中国共产党人的初心。马克思和恩格斯在《共产党宣言》中宣告："无产阶级的运动是绝大多数人的，为绝大多数人谋利益的独立运动。"②改革开放总设计师邓小平同志在探索中国特色社会主义的建设过程中，进一步科学回答了"什么是社会主义"的重大理论命题，深刻揭示了"社会主义最大的优越性就是共同富裕，这是社会主义的本质"，并反复强调"不能有穷的社会主义"，社会主义作为比资本主义更为高级的阶段，一定要体现出比资本主义更高的优越性。因此，建设社会主义"首先要摆脱

① 中共中央党史和文献研究院：《习近平扶贫论述摘编》，中央文献出版社2018年版，第3页。
② 马克思、恩格斯：《共产党宣言》，人民出版社2018年版，第39页。

贫穷落后状态，大力发展生产力”，“社会主义的财富属于人民，社会主义的致富是全民共同富裕”[①]。

从解决社会公平正义问题出发，习近平总书记进一步诠释了共同富裕的基本要义。早在2004年作为浙江省委书记的习近平同志就指出：“推进‘山海协作工程’，就是要通过发达地区和欠发达地区全方位的合作，有的放矢地加大工作力度，做长欠发达地区这块‘短板’，使全省各个地区的人民共享经济社会发展成果。”[②] 2015年9月22日，习近平总书记在《在华盛顿州当地政府和美国友好团体联合欢迎宴会上的演讲》中，深情回忆了自己青年时期在梁家河插队的情景，并简要介绍了改革开放以来梁家河发生的巨大变化。同时习近平总书记告诉外国朋友：“这两年，我去了中国很多贫困地区，看望了很多贫困家庭，他们渴望幸福生活的眼神深深印在我的脑海里。”他满怀深情地表示，这些情况表明，中国人民要过上美好生活，还要继续付出艰苦努力。发展依然是当代中国的第一要务，中国执政者的首要使命就是集中力量提高人民生活水平，逐步实现共同富裕。2016年1月18日，在省部级主要领导干部学习贯彻党的十八届五中全会精神专题研讨班上，习近平总书记指出：“共享理念实质就是坚持以人民为中心的发展思想，体现的是逐步实现共同富裕的要求”[③]。

我们任何时候都不能忘记“增进人民福祉、促进人的全面发展、朝着共同富裕方向稳步前进”这一社会主义根本原则。人口较少民族普遍存在贫困面大、贫困程度深的现状，今天我们开展艰苦卓绝的精准脱贫，就是要在社会主义初级阶段以只争朝夕的精神，一切从实际出发，脚踏实地，积小胜为大胜，让人口较少民族不断朝着全体人民共同富裕的目标前进，让他们共享改革发展成果，同时也就是要不断彰显社会主义共同富裕的追求，彰显社会主义制度的比较优势。因此说，我国人口较少民族整族脱贫是社会主义共同

① 邓小平：《邓小平文选》（第三卷），人民出版社1993年版，第364、171页。

② 习近平：《做长欠发达地区这块“短板”》，《之江新语》，浙江人民出版社2017年版，第92页。

③ 习近平：《习近平谈治国理政》（第二卷），外文出版社2017年版，第214页。

富裕的本质要求。

## 二、人口较少民族整族脱贫是全面建成小康社会的底线要求

党的十八大以来，以习近平同志为核心的党中央提出了“全面建成小康社会、全面深化改革、全面依法治国、全面从严治党”四个全面战略布局，其中“全面建成小康社会”是指经济建设、政治建设、文化建设、社会建设、生态文明建设等“五位一体”的我国社会主义现代化总体布局的全面建成。习近平总书记对全面建设小康社会的硬指标做了形象的描述：“小康不小康，关键看老乡。”2018年12月18日，习近平总书记在庆祝改革开放40周年大会上的讲话中进一步强调：“我们要着力解决人民群众所需所急所盼，让人民共享经济、政治、文化、社会、生态等各方面发展成果，有更多、更直接、更实在的获得感、幸福感、安全感，不断促进人的全面发展、全体人民共同富裕。”① 由于历史、自然、地理等原因，从宏观上看，我国人口较少民族经济发展还很不平衡、不充分。因而，习近平总书记指出：“要以时不我待的担当精神，创新工作思路，加大扶持力度，因地制宜，精准发力，确保如期啃下少数民族脱贫这块“硬骨头”，确保各族群众如期实现全面小康。”② 这充分彰显了习近平总书记坚持以马克思主义基本立场、观点、方法分析和解决脱贫攻坚工作，充分彰显了习近平总书记对马克思主义思想的坚持、继承和发展。

到2020年是全面建成小康社会的决胜期，农村贫困人口实现脱贫是全面建成小康社会的基本标志。基于全面建成小康社会这一涉及全局的战略任务，习近平总书记指出：“没有农村的小康，特别是没有贫困地区的小康，就没有全面建成小康社会。”③ 全面小康是惠及全体人民的小康。习近平总

---

① 习近平：《在庆祝改革开放40周年大会上的讲话》，新华网，http://www.xinhuanet.com/politics/leaders/2018-12/18/c_1123872025.htm，2018-12-18。

② 中共中央党史和文献研究院：《习近平扶贫论述摘编》，中央文献出版社2018年版，第6页。

③ 习近平：《习近平谈治国理政》，外文出版社2014年版，第189页。

书记实事求是地分析：“小康”讲的是发展水平，“全面”讲的是发展的平衡性、协调性、可持续性。因此，全面小康其覆盖的人口要全面，必须是惠及全体人民的小康[①]。如果农村贫困人口特别是人口较少民族脱贫这个任务不能完成，我们全面建成小康社会的目标就得不到人民的认可，就经不起历史的检验。

因此说，人口较少民族整族脱贫是全面建成小康社会的底线要求。

## 三、人口较少民族整族脱贫是坚持以人民为中心发展思想的内在要求

人民立场是融入马克思主义者血液的根本立场，“以人民为中心”发展思想是新时代建设中国特色社会主义必须始终坚持的指导思想，也是打赢精准脱贫攻坚战的指导思想。全心全意为人民服务是中国共产党的根本宗旨和价值观，是我们党同一切剥削阶级政党的根本区别，是中国共产党对马克思主义的深刻理解。毛泽东同志在《为人民服务》这篇宏文中开门见山地指出：“我们的共产党和共产党所领导的八路军、新四军，是革命的队伍。我们这个队伍完全是为着解放人民的，是彻底地为人民的利益工作的。”[②]这个人民，指的是中国广大的劳苦大众。全心全意为人民服务，讲明了权力来源、讲明了中国共产党人的公仆地位。“以人民为中心”是对“全心全意为人民服务”思想的继承与发展，是习近平新时代中国特色社会主义思想的灵魂，是新时代我们党对党的性质、党的宗旨、党的最终目的以及党群关系、干群关系的新认识、新思考，是我们党对中国特色社会主义建设过程中经济社会发展的根本目的、动力、趋向等问题新的科学回答。“以人民为中心”发展思想，要求全党时刻牢记“我们是谁”“我们从哪里来”，要求全党要想透、想明白“什么是中国特色的社会主义道路”“怎么走好这条道路”一切工作“为了谁、依靠谁”“发展成果与谁共享”等一系列大是大非问题，

① 习近平：《习近平谈治国理政》（第二卷），外文出版社2017年版，第79页。
② 《毛泽东选集》（第三卷），人民出版社1991年版，第1004页。

是党的“全心全意为人民服务”根本宗旨一个新的发展高度。

“以人民为中心”的发展思想，必须落实到人民的获得感、幸福感、安全感上。在习近平总书记看来，“人民不是抽象的符号，而是一个一个具体的人，有血有肉，有情感，有爱恨，有梦想，也有内心的冲突和挣扎”[①]。党的十八大以来，习近平总书记不仅在农村考察中揭锅盖察民情，更是在宏观战略上，立足于织密社会保险网，关注“锅底人群”，誓言“小康路上一个都不能掉队”，并要求全党同志“必须始终把人民利益摆在至高无上的地位，让改革发展成果更多更公平惠及全体人民，朝着实现全体人民共同富裕不断迈进”[②]。我国总人口在30万人以下的28个人口较少民族虽然人口只有169.5万人，但是却占了我国56个民族种类中的一半，他们大多生产条件比较恶劣，生活比较困难，因此全力强化对人口较少民族整族脱贫，充分体现了“以人民为中心”发展思想的真谛，这也是中华民族伟大复兴的动力源泉。

因此说，人口较少民族整族脱贫是坚持以人民为中心发展思想的内在要求。

## 四、人口较少民族整族脱贫是解决不平衡不充分发展的客观要求

党的十九大报告提出，“明确新时代我国社会主要矛盾是人民日益增长的美好生活需要和不平衡不充分的发展之间的矛盾，必须坚持以人民为中心的发展思想，不断促进人的全面发展、全体人民共同富裕”[③]。发展不平衡，主要体现为经济生活各领域发展有差距、各区域发展有差距、各群体发展有差距；发展不充分，主要指国家的创新能力不够强，实体经济发展的能力和水平还需要加强，发展质量和效益还不高，经济发展方式的转变还处于攻坚阶段，还存在发展不够稳定和不持续的情况。

---

① 习近平：《在文艺工作座谈会上的讲话》，人民出版社2015年版，第17页。

② 习近平：《决胜全面建成小康社会　夺取新时代中国特色社会主义伟大胜利》，人民出版社2017年版，第45页。

③ 同上，第19页。

中国共产党在中国特色社会主义新时代的历史使命就是在不断把“蛋糕”做大的同时也把“蛋糕”分好，让社会主义制度的制度红利惠及每个人，让人民群众有更多获得感、幸福感、安全感。就发展的终极目标而言，贫困人口的全面脱贫决定着人民美好生活需要是否被满足，贫困人口特别是人口较少民族的全面脱贫也决定着不平衡不充分发展是否被最终解决。

2014年3月4日，在《在参加全国政协十二届二次会议少数民族界委员联组讨论时的讲话》中习近平总书记指出：“要优化转移支付和对口支援的体制机制，贯彻落实扶持集中连片特殊困难地区、牧区 、边境地区、人口较少民族地区发展等政策举措，加大基础设施建设力度，推进基本公共服务均等化，增强民族地区自我发展的‘造血’能力。”[①] 习近平总书记同时强调：“增强团结的核心问题，就是要积极创造条件，千方百计加快少数民族和民族地区的经济社会发展，促进各民族共同繁荣发展。”[②] 因此，脱贫攻坚战是对执政党治理能力和水平的考验，是对中国共产党驾驭全局能力和领导水平的重大考验。因此，强化人口较少民族整族脱贫也就是找到了未来几年突破人口较少民族地区发展瓶颈的重要途径，对人口较少民族开展整族扶贫就是将扶贫工作提到重要的位置去解决，要求整个扶贫工作“稳”“准”，扶到点子上，将人口较少民族地区贫困连根拔除，避免返贫的出现，只有这样才能将人口较少民族纳入整个社会发展的大流中来，跟上时代发展的步伐，最终实现我国全面发展、区域协调发展、社会系统发展。

因此说，人口较少民族整族脱贫是解决不平衡不充分发展的客观要求。

## 五、人口较少民族整族脱贫是坚持共享发展理念的实践要求

改革开放以来，我们国家经济有了很大发展，现在我们稳居世界经济总

① 中共中央党史和文献研究院：《习近平扶贫论述摘编》，中央文献出版社2018年版，第88—89页。

② 张晓松、崔清新、黄小希：《十八大以来以习近平同志为总书记的党中央关心少数民族和民族地区纪实》，《人民日报》2014年9月28日，第1版。

量的第二地位，蛋糕越做越大。但在共享改革发展成果方面我们还有很多不完善的地方。“我国经济发展的蛋糕不断做大，但分配不公问题比较突出，收入差距、城乡区域公共服务水平差距较大。”[①] 有鉴于此，党的十八届五中全会提出了“创新、协调、绿色、开放、共享”新发展理念，并将“共享”理念作为发展的目标和归宿。共享发展包括全民共享、全面共享、共富共享、共建共享四个方面的内涵。共享发展理念下的精准扶贫，有利于保障分配正义、丰富扶贫资源以及提升扶贫效益。这三个方面集中体现了共享发展理念与精准扶贫两者之间的契合。基于此，我们要提升人口较少民族参与共享发展的可行能力，强化人口较少民族的“共享”制度供给和公共服务均等化，以实现共享发展和精准扶贫的既定目标。

《礼记·礼运》中记载：“大道之行也，天下为公，选贤与能，讲信修睦。故人不独亲其亲，不独子其子，使老有所终，壮有所用，幼有所长，矜、寡、孤、独、废疾者皆有所养。”[②] 这是最初的大同思想，也为我们描绘出了一个最早理想的共产主义社会。习近平总书记在党的十九大报告中指出：“在幼有所育、学有所教、劳有所得、病有所医、老有所养、住有所居、弱有所扶上不断取得新进展，保证全体人民在共建共享发展中有更多获得感”[③]，这与上述记载中所描绘的理想社会是相契合的。中国共产党代表的是广大人民群众的根本利益，并始终坚持人民立场，以实现全体人民的根本利益为执政使命。为此，习近平总书记强调：“全党同志必须把思想和行动统一到中央决策部署上来、统一到‘两个确保’的目标上来，决不能落下一个贫困地区、一个贫困群众。”[④] 这深刻地反映出其扶贫思想中共享发展、公平正义、全面小康的理念。我国人口较少民族生存环境比较恶劣，生产生活特别困难，他们是脱贫攻坚战中“短板中的短板、重点中的重点、难啃中最难啃的骨头”。

---

① 中共中央党史和文献研究院：《习近平扶贫论述摘编》，中央文献出版社2018年版，第9页。

② ［西汉］戴圣编，刘小沙译：《礼记》，北京联合出版社公司2015年版，第52页。

③ 习近平：《决胜全面建成小康社会 夺取新时代中国特色社会主义伟大胜利》，人民出版社2017年版，第23页。

④ 同①，第16—17页。

因此说，强化人口较少民族精准扶贫战略，可以达到全面建成小康社会目标，是落实发展成果全民共享理念、实现社会公平正义的重要举措，是坚持共享发展理念的实践要求。

## 六、人口较少民族整族脱贫是保障和改善民生的现实要求

民生思想是中国一个重要的传统文化思想，其在中国几千年历史进程中发挥着巨大的作用。“民生”在我国传统观念中是指中国古代的明君、贤臣为维护和巩固其统治而提出的一种统治观，其基本思想主要表现为重民、贵民、安民、恤民、爱民等。从古至今，关于我国民生的思想在不断地完善和发展，从先秦时代屈原的“民生各有所乐兮，余独修好以为常”，到三国时期陈寿的“财须民生，强赖民力，戚恃民势，福由民殖”，从宋代苏轼的“享天下之利者，任天下之患；居天下之乐者，同天下之忧”。到元代许衡的“衣食以厚民生，礼义以养其心”，这些都是我国古代“民本”思想的体现，民本思想成为统治者治国安邦的重要原则，它缓和了社会矛盾，促进了社会稳定，改善了人民生活。我们从中也看到民生的需求和保障是一个动态发展的过程，是一个随着历史进步而不断发展完善的过程。

习近平总书记高度关注民生问题，始终把人民群众对美好生活的向往摆在重中之重的位置，提出了一系列改善民生的新思想、新观点、新要求，进一步丰富和发展了新时代民生思想。2014年4月28日，习近平总书记到新疆维吾尔族自治区喀什地区疏附县托克扎克镇阿亚格曼干村调研时指出：“发展要落实到改善民生上，落实到惠及当地上，落实到增进团结上。发展的目的，最终是让老百姓过上好日子。”[①]党的十八大以来，习近平不仅密切关注大民生，如分配制度改革、就业、精准扶贫精准脱贫、生态环境保护，同时也很关注所谓的小民生，如冬季取暖、垃圾分类、养老服务；此外我们看到从黄土高坡到雪域高原，从革命老区到民族地区，从地震灾区到祖国边

① 张云梅：《火红石榴籽，殷殷团结情——新疆和平解放70周年民族团结综述》，《新疆日报》2019年9月26日，第4版。

陲，总书记走村入户，看实地、问实情、寻实策、办实事，把老百姓的心愿转化为党和国家的方针政策，推动各项民生改革落向实处，为人民群众增加实实在在的“获得感”。这充分体现出其思想上亲民、爱民，政治上重民、安民，经济上利民、富民的民生思想。精准扶贫的核心思想是“精准”，其内容为“精准识别、精准帮扶、精准脱贫”，目的是为了扶贫措施的针对性和扶贫方式的有效性，更是为了脱贫成效的可持续性，体现的是更加注重民生发展的持续性和长期性。这是共产党实现为人民谋幸福的价值追求与坚如磐石的执政基础，彰显了习近平总书记以人为本的人民情怀，也是对古代民本思想的时代阐释。

习近平总书记在党的十九大报告中指出：“增进民生福祉是发展的根本目的。必须多谋民生之利、多解民生之忧，在发展中补齐民生短板、促进社会公平正义。”[①] 习近平总书记以民为本、人民主体的民生理念深入地贯彻到扶贫工作之中，是一切扶贫工作的出发点和落脚点，是实现脱贫攻坚，全面决胜小康社会的关键所在。

随着我国人口较少民族扶贫开发的推进，我国人口较少民族的经济社会发展发生了天翻地覆的变迁，但人口较少民族整体经济社会发展的活力及可持续仍有待强化。因此强化人口较少民族整族脱贫就是要在有效解决人口较少民族因病致贫返贫上实施健康扶贫新政策，要在帮助增强造血功能上实施就业扶贫新举措，在织牢社会救助兜底网上推出救助扶贫新举措。这样才能实现人口较少民族病有所医、残有所助、生活有兜底，也才能通过最低生活保障及其他政策措施，确保他们基本生活有保障，实现脱贫。

因此说，人口较少民族整族脱贫是保障和改善民生的现实要求。

## 七、人口较少民族整族脱贫是增强民族团结的必然要求

我国是一个多民族国家，民族工作历来是我们党重要的工作之一，党的

① 习近平：《决胜全面建成小康社会　夺取新时代中国特色社会主义伟大胜利》，人民出版社2017年版，第23页。

十八大以来，习近平总书记围绕我国的民族团结问题发表了一系列内涵丰富、思想深邃的讲话，明确提出了新时代我国加强民族团结的新理念、新思路和新方法，这是做好民族团结工作的思想引领。2014年1月29日，习近平总书记赴内蒙古调研时强调：“要始终高举民族团结旗帜，坚持和发扬各民族心连心、手拉手的好传统，深入开展民族团结进步宣传教育，精心做好民族工作。”2014年4月27日至30日，习近平总书记在新疆考察时强调：“要把民族团结紧紧抓在手上，坚持正确的祖国观、民族观，全面贯彻党的民族政策，牢牢把握各民族共同团结奋斗、共同繁荣发展的主题，促进各民族和睦相处、和衷共济、和谐发展。”到2020年全面建成小康社会，民族地区特别是人口较少民族地区是一大短板，脱贫时间紧迫、任务重。面对这一情况，2014年9月，习近平在中央民族工作会议上的讲话中指出，做好民族工作要始终做到“八个坚持”，同时指出实现民族跨越式发展，要把握“四个要”。2018年12月5日，中办、国办出台的《关于全面深入持久开展民族团结进步创建工作铸牢中华民族共同体意识的意见》明确要求“把民族团结教育纳入国民教育、干部教育、社会教育全过程”。2019年9月27日，在《在全国民族团结进步表彰大会上的讲话》中习近平总书记再次强调“高举中华民族大团结的旗帜，促进各民族交往交流交融。要把民族团结进步创建全面深入持久开展起来，创新方式载体，推动进机关、进企业、进社区、进乡镇、进学校、进连队、进宗教活动场所等。大汉族主义和地方民族主义都是民族团结的大敌，要坚决反对”[①]。

精准脱贫是新时代实现少数民族整族脱贫、促进民族团结实现共同富裕的关键举措。56个民族共同富裕是全面建成小康社会的必然要求，也是实现中华民族伟大复兴的重要前提。少数的甚至是多数的民族富裕不代表56个民族的富裕，只要还有一个民族没有脱贫，那我们的国家就还不能称得上是全面建成小康社会，因为每个民族都是祖国大家庭中平等的一员。因此，强化人口较少民族精准脱贫、整族脱贫，在精准扶贫中注重将28个人口较少民族

① 习近平：《在全国民族团结进步表彰大会上的讲话》，新华网，http://www.xinhuanet.com/2019-09/27/c_1125049000.htm，2019-9-27。

各自的潜在优势转化为各自创造可持续发展的机会，在发展中促进各民族之间交往交流交融，是实现我国民族团结和共同富裕的必然之路。

因此说，人口较少民族整族脱贫是增强民族团结的必然要求。

## 八、人口较少民族整族脱贫是铸牢中华民族共同体意识的迫切要求

强化铸牢中华民族共同体意识，是习近平新时代中国特色社会主义思想的重要内容，是马克思主义中国化的新成果。党的十八大以来，习近平总书记着眼于我国多民族国家民族团结进步事业的新形势、新要求，与时俱进地提出“铸牢中华民族共同体意识”这一时代命题，成为新时代我国民族工作的行动指南。党的十九大报告提出“深化民族团结进步教育，铸牢中华民族共同体意识，加强各民族交往交流交融，促进各民族像石榴籽一样紧紧抱在一起，共同团结奋斗、共同繁荣发展”[①]的要求。随后“铸牢中华民族共同体意识”写入新修订的《党章》，是中国共产党的重要方针之一。2018年12月5日，中办、国办联合出台《关于全面深入持久开展民族团结进步创建工作铸牢中华民族共同体意识的意见》文件，其中提到“中华民族共同体意识是国家统一之基、民族团结之本、精神力量之魂”，将“铸牢中华民族共同体意识”提到了至高无上的地位。2019年9月27日，在《在全国民族团结进步表彰大会上的讲话》中习近平总书记明确提出：“实现中华民族伟大复兴的中国梦，就要以铸牢中华民族共同体意识为主线，把民族团结进步事业作为基础性事业抓紧抓好。我们要全面贯彻党的民族理论和民族政策，坚持共同团结奋斗、共同繁荣发展，促进各民族像石榴籽一样紧紧拥抱在一起，推动中华民族走向包容性更强、凝聚力更大的命运共同体。”[②]这些重要论述是习近平新时代中国特色社会主义思想在民族工作领域的具体体现。

---

① 习近平：《决胜全面建成小康社会　夺取新时代中国特色社会主义伟大胜利》，人民出版社2017年版，第40页。

② 习近平：《在全国民族团结进步表彰大会上的讲话》，新华网，http://www.xinhuanet.com/2019-09/27/c_1125049000.htm，2019-9-27。

这就要求在实现脱贫奔小康的路上，我们要确保少数民族一个都不能少，如果各民族发展长期失衡，就容易造成民族关系失衡，影响中华民族共同体意识的铸牢。因此，2014年9月，习近平在中央民族工作会议上的讲话中指出：“打好扶贫攻坚战，民族地区是主战场。要创新思路和机制，把整体推进与精准到户结合起来，加快推进集中连片特殊困难地区区域发展与扶贫攻坚，提高扶贫效能。”①

由于历史和地理等多方面的原因，总体上看我国28个人口较少民族经济比较落后，社会发展比较缓慢，教育水平也比较低。这些民族人口虽然较少，但也都是我国社会主义民族大家庭中的成员，因此解决这28个民族整族脱贫问题，也就解决了占我国民族成分一半的民族的脱贫问题。另外，这些人口较少民族很多居住在我国边境线上，是具有特色的跨国民族，这些跨国民族的主体民族大部分是在国外，长期以来他们对他们主体民族的国家也有认同感，所以对之进行整族脱贫，让他们过上比他们主体民族更幸福的生活自然会铸牢他们对中华民族的认同感。例如，独龙族是我国“直过”和人口较少民族，主要居住于中缅边境的贡山独龙族怒族自治县独龙江乡。通过近年来的全面帮扶，独龙江乡实现了经济发展大跨越、基础设施大夯实、人居环境大改善、社会事业大改观、特色产业大发展和素质能力大提升的“六大变化”，实现了一个民族的“千年跨越”，独龙江已成为云南省怒江傈僳族自治州最漂亮的乡镇，也是云南省最有特色、最有魅力的乡镇之一。“在云南省贡山县独龙江乡，千余户村民全部住进新房，所有自然村通硬化路，通信网络全面覆盖，特色产业遍地开花，‘独龙族实现了整族脱贫’。独龙族的今昔巨变，成为中国特色社会主义制度下少数民族‘一步跨千年’的生动实践，成为各民族共同奋斗的一个缩影。”② 因此，强化人口较少民族整族脱贫、精准脱贫，是如期实现全面建成小康社会的需要，更是铸牢中华民族共同体意识的迫切要求。

---

① 《中央民族工作会议暨国务院第六次全国民族团结进步表彰大会举行》，中国政府网，http://www.gov.cn/xinwen/2014-09/29/content_2758816.htm，2014-9-29。

② 人民日报评论部：《铸牢中华民族共同体意识》，《人民日报》2019年11月14日，第2版。

# 第二章

# 逻辑起点：西南地区人口较少民族推进精准脱贫的基础分析

2015年之前特别是在2005—2015年间，我国对人口较少民族主要是以专门扶持为主，这为精准脱贫打下了坚实的基础。本章主要分析“十一五”和“十二五”期间（2005—2015年）国家及西南地区扶持人口较少民族的基本情况，这是开展精准脱贫的基础。

## 一、西南地区人口较少民族概况

### （一）西南地区人口较少民族人力资源基本状况

我国西南地区由于具有生物多样、族群多元的特色，因而历来成为学术界区域研究的单位和视野。按人口不到30万的划分标准，分布在西南地区的人口较少民族共有13个，其中云南省的人口较少民族有8个，他们是独龙族、德昂族、基诺族、怒族、阿昌族、普米族、布朗族和景颇族，还有分布于广西壮族自治区和贵州省的毛南族、仫佬族，以及分布于广西壮族自治区的京族和分布于西藏的门巴族和珞巴族。根据2010年第六次人口普查得出的数据，这13个人口较少民族的总人口详见表2–1。

表2–1　西南地区13 个人口较少民族总人口

（单位：人）

| 民族 | 1982年 | 1990 年 | 2000年 | 2010年 |
|---|---|---|---|---|
| 独龙族 | 4633 | 5825 | 7426 | 6930 |
| 德昂族 | 12297 | 15461 | 17935 | 20556 |
| 基诺族 | 11962 | 18022 | 20899 | 23143 |
| 怒族 | 22896 | 27190 | 28759 | 37524 |
| 阿昌族 | 20433 | 27718 | 33936 | 39555 |
| 普米族 | 24238 | 29721 | 33600 | 42862 |
| 布朗族 | 58473 | 82398 | 91882 | 119639 |

续表

| 民族 | 1982年 | 1990年 | 2000年 | 2010年 |
|---|---|---|---|---|
| 景颇族 | 92976 | 119276 | 132143 | 147828 |
| 毛南族 | 38159 | 72370 | 107166 | 101192 |
| 仫佬族 | 90357 | 160684 | 207352 | 216257 |
| 京族 | 13108 | 18749 | 22517 | 28199 |
| 门巴族 | 1140 | 7498 | 8923 | 10561 |
| 珞巴族 | 1066 | 2322 | 2965 | 3682 |
| 合计 | 378630 | 568485 | 692986 | 797928 |

资料来源：根据《中国民族统计年鉴》（2013年版）整理。

根据表2-1统计，这13个民族总人口为797928人。人口最多的是仫佬族，共有216257人；最少的是珞巴族，共有3862人。从居住形态上看，这13个民族中居住在城市的有98896人，居住在城镇的有130674人，居住在农村的有568358人，可见他们主要是居住在农村。详见表2-2。

**表2-2　13个民族分城市、城镇、乡村的人口**

（单位：人）

| 民族 | 总人口 | 城市人口 | 城镇人口 | 农村人口 |
|---|---|---|---|---|
| 独龙族 | 6930 | 326 | 828 | 5776 |
| 怒族 | 37524 | 1865 | 4319 | 31340 |
| 普米族 | 42862 | 2530 | 6139 | 34193 |
| 景颇族 | 147828 | 11615 | 17536 | 118677 |
| 阿昌族 | 39555 | 3090 | 5960 | 30505 |
| 德昂族 | 20556 | 1196 | 1911 | 17449 |
| 布朗族 | 119639 | 4896 | 13622 | 101121 |
| 基诺族 | 23143 | 3638 | 1608 | 17897 |
| 毛南族 | 101192 | 15408 | 18982 | 66802 |
| 仫佬族 | 216257 | 44439 | 51264 | 120554 |
| 京族 | 28199 | 9251 | 6217 | 12731 |
| 门巴族 | 10561 | 520 | 1890 | 8151 |

续表

| 民族 | 总人口 | 城市人口 | 城镇人口 | 农村人口 |
|---|---|---|---|---|
| 珞巴族 | 3682 | 122 | 398 | 3162 |
| 合计 | 797928 | 98896 | 130674 | 568358 |

资料来源：根据《中国民族统计年鉴》（2013年版）整理。

根据2010年第六次人口普查数据，这13个人口较少民族中6岁及6岁以上未上过学的有65915人，占9%；小学学历的有327139人，占比约达45.5%；初中学历的有218751人，占30%；高中学历的有61526人，约占9%；大学专科学历的有28016人，约占4%；大学本科学历的有17414人，约占2%；研究生学历的只有867人。总体上我们可以看到，这13个人口较少民族受国民教育程度以小学为主，其次是初中。详见表2–3。

表2–3　13个民族6岁及6岁以上人口受教育状况

（单位：人）

| 民族 | 合计 | 未上过学 | 小学 | 初中 | 高中 | 大学专科 | 大学本科 | 研究生 |
|---|---|---|---|---|---|---|---|---|
| 独龙族 | 6220 | 1018 | 2623 | 1681 | 497 | 282 | 108 | 11 |
| 怒族 | 34002 | 5117 | 15952 | 8259 | 2571 | 1451 | 630 | 22 |
| 普米族 | 39094 | 5688 | 15467 | 10921 | 3870 | 1836 | 1274 | 38 |
| 景颇族 | 132808 | 12534 | 72498 | 34975 | 7859 | 3435 | 1467 | 40 |
| 阿昌族 | 34844 | 2794 | 17424 | 10518 | 2386 | 1051 | 650 | 21 |
| 德昂族 | 18251 | 3530 | 10389 | 3269 | 674 | 263 | 124 | 2 |
| 布朗族 | 108074 | 15420 | 63324 | 20384 | 5083 | 2289 | 1528 | 46 |
| 基诺族 | 21014 | 1911 | 8616 | 7162 | 1973 | 942 | 390 | 20 |
| 毛南族 | 91706 | 3876 | 35010 | 36031 | 9597 | 4376 | 2677 | 139 |
| 仫佬族 | 195734 | 8194 | 74142 | 73733 | 22281 | 9977 | 6952 | 455 |
| 京族 | 25159 | 1392 | 6674 | 10191 | 3963 | 1658 | 1219 | 62 |
| 门巴族 | 9509 | 3559 | 3466 | 1214 | 597 | 373 | 290 | 10 |
| 珞巴族 | 3213 | 882 | 1554 | 413 | 175 | 83 | 105 | 1 |
| 合计 | 719628 | 65915 | 327139 | 218751 | 61526 | 28016 | 17414 | 867 |

资料来源：根据《中国民族统计年鉴》（2013年版）整理。

数据显示，这13个人口较少民族15岁及15岁以上人口共有612100，其中文盲有53233人，约占9%。其中占比最高的是门巴族，达36.14%，占比最低的是仫佬族，只有3.84%。详见表2-4。

表2-4　13个民族15岁及15岁以上的文盲人口状况

（单位：人）

| 民族 | 15岁及15岁以上 | 文盲人口 | 文盲人口占15岁及15岁以上人口比例（%） |
|---|---|---|---|
| 独龙族 | 5205 | 887 | 17.04 |
| 怒族 | 28781 | 4138 | 14.38 |
| 普米族 | 32685 | 5037 | 15.41 |
| 景颇族 | 111711 | 10014 | 8.96 |
| 阿昌族 | 28325 | 2303 | 8.13 |
| 德昂族 | 15293 | 3271 | 21.39 |
| 布朗族 | 90914 | 11444 | 12.59 |
| 基诺族 | 18332 | 1785 | 9.74 |
| 毛南族 | 78306 | 3107 | 3.97 |
| 仫佬族 | 170896 | 6557 | 3.84 |
| 京族 | 21482 | 1151 | 5.36 |
| 门巴族 | 7634 | 2759 | 36.14 |
| 珞巴族 | 2538 | 790 | 31.13 |
| 合计 | 612100 | 53233 | 8.69 |

资料来源：根据《中国民族统计年鉴》（2013年版）整理。

从就业角度统计，这13个民族以从事第一产业为主，其总人数达32491人，其次是第三产业，人数达7327人；第二产业有4670人。可见这13个民族以农业为主。详见表2-5。

表2-5　13个民族分产业的人口

（单位：人）

| 民族 | 总计 | 第一产业 | 第二产业 | 第三产业 |
|---|---|---|---|---|
| 独龙族 | 453 | 400 | 17 | 36 |
| 怒族 | 2215 | 1773 | 137 | 305 |

续表

| 民族 | 总计 | 第一产业 | 第二产业 | 第三产业 |
|---|---|---|---|---|
| 普米族 | 2433 | 1892 | 148 | 393 |
| 景颇族 | 8811 | 7252 | 445 | 1114 |
| 阿昌族 | 2138 | 1688 | 204 | 246 |
| 德昂族 | 1255 | 1127 | 40 | 88 |
| 布朗族 | 7402 | 6327 | 401 | 674 |
| 基诺族 | 1514 | 1248 | 40 | 226 |
| 毛南族 | 5758 | 3662 | 1070 | 1026 |
| 仫佬族 | 10431 | 5821 | 2029 | 2581 |
| 京族 | 1293 | 633 | 117 | 543 |
| 门巴族 | 603 | 509 | 19 | 75 |
| 珞巴族 | 182 | 159 | 3 | 20 |
| 合计 | 44488 | 32491 | 4670 | 7327 |

资料来源：根据《中国民族统计年鉴》（2013年版）整理。

数据显示，这13个人口较少民族0—14岁共有185824人，约占23%；15—60岁共有537662人，约占67%；61岁以上共有74440人，约占10%（见图2–1）。由此可见，这13个民族中劳动力人口占很大比重，详见表2–6。

**表2–6　13个民族分年龄的人口**

（单位：人）

| 民族 | 人口总数 | 0—14岁 | 15—60岁 | 61岁以上 |
|---|---|---|---|---|
| 独龙族 | 6930 | 1725 | 4649 | 556 |
| 怒族 | 37523 | 8742 | 25109 | 3672 |
| 普米族 | 42861 | 10176 | 28958 | 3727 |
| 景颇族 | 147828 | 36117 | 101059 | 10652 |
| 阿昌族 | 39555 | 11230 | 25499 | 2826 |
| 德昂族 | 20556 | 5263 | 13882 | 1411 |
| 布朗族 | 119639 | 28725 | 81517 | 9397 |
| 基诺族 | 23143 | 4811 | 16071 | 2261 |
| 毛南族 | 101192 | 22886 | 65777 | 12529 |

续表

| 民族 | 人口总数 | 0—14岁 | 15—60岁 | 61岁以上 |
|---|---|---|---|---|
| 仫佬族 | 216257 | 45361 | 147537 | 23359 |
| 京族 | 28199 | 6717 | 18421 | 3061 |
| 门巴族 | 10561 | 2927 | 6891 | 743 |
| 珞巴族 | 3682 | 1144 | 2292 | 246 |
| 合计 | 797928 | 185824 | 537662 | 74440 |

资料来源：根据《中国民族统计年鉴》（2013年版）整理。

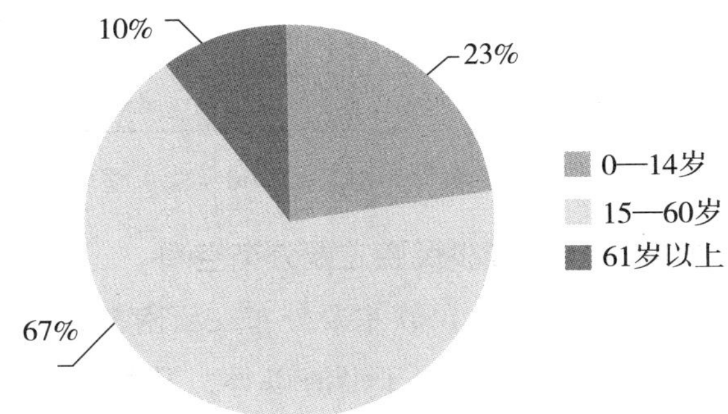


图2-1　西南人口较少民族年龄分布状况

以2010年为例，这一年这13个民族共出生1120人，其中男孩608人，女孩512人；而这一年共死亡4569人，其中男性为2763人，女性为1806人。详见表2-7。

表2-7　2010年13个民族分性别出生和死亡人口

（单位：人）

| 民族 | 出生人数 | | | 死亡人数 | | |
|---|---|---|---|---|---|---|
| | 小计 | 男 | 女 | 小计 | 男 | 女 |
| 独龙族 | 8 | 4 | 4 | 64 | 41 | 23 |
| 怒族 | 43 | 26 | 17 | 324 | 185 | 139 |
| 普米族 | 49 | 26 | 23 | 236 | 145 | 91 |
| 景颇族 | 301 | 151 | 150 | 1062 | 640 | 422 |
| 阿昌族 | 60 | 33 | 27 | 202 | 127 | 75 |
| 德昂族 | 42 | 23 | 19 | 141 | 81 | 60 |

续表

| 民族 | 出生人数 | | | 死亡人数 | | |
|---|---|---|---|---|---|---|
| | 小计 | 男 | 女 | 小计 | 男 | 女 |
| 布朗族 | 164 | 91 | 73 | 671 | 393 | 278 |
| 基诺族 | 33 | 19 | 14 | 102 | 57 | 45 |
| 毛南族 | 113 | 67 | 46 | 559 | 346 | 213 |
| 仫佬族 | 254 | 137 | 117 | 859 | 539 | 320 |
| 京族 | 27 | 16 | 11 | 186 | 110 | 76 |
| 门巴族 | 15 | 10 | 5 | 119 | 71 | 48 |
| 珞巴族 | 11 | 5 | 6 | 44 | 28 | 16 |
| 合计 | 1120 | 608 | 512 | 4569 | 2763 | 1806 |

资料来源：根据《中国民族统计年鉴》（2013年版）整理。

### （二）西南地区人口较少民族主要分布空间

西南地区13个人口较少民族主要分布在云南省、广西壮族自治区、贵州省和西藏自治区，除京族分布于沿海以外，其余均分布于西南石山岩溶地区、高原高寒山区及热带丘陵地区，他们可以分为跨国民族、非跨国民族两大类。

#### 1. 分布于云南省的8个人口较少民族

云南省是我国世居民族种类最多的省份，全省有世居民族26个，除汉族外，少数民族有25个。2010年第六次人口普查数据显示：云南省汉族人口为3062.9万人，占总人口的66.63%；各少数民族人口为1533.7万人，占全省总人口的 33.37%。其中独龙族、怒族、普米族、基诺族、布朗族、德昂族、阿昌族和景颇族等8个人口较少民族总人口 42.1万人，占全省总人口的 0.9%[①]。

（1）独龙族分布概况

独龙族是我国人口较少民族、直过民族、跨国民族，具有悠久的历史，属怒江地区的土著民族，历史上称为“俅”“俅扒”“洛”“曲洛”等，自称为“独龙”[②]。

① 李炎：《云南人口较少民族人口政策研究》，硕士学位论文，吉林大学，2013年。
② 李金明：《独龙族原始习俗与文化》，德宏民族出版社2016年版，第6页。

独龙族大部分聚居于中缅边界偏僻的独龙江流域，历史上长期属于化外之地。直到中华人民共和国成立前，独龙族社会仍处在以父系氏族为主的家庭公社解体时期。由于生产力的发展和私有制的逐渐确立，父系氏族的社会结构已很松散，在现实生活中起着主要作用的是家族公社。1950年4月，独龙江被设立为贡山县第四区，1969年改为独龙江公社，1984年改为独龙江区，1988年区改乡后称独龙江乡。

独龙江乡是中国独龙族唯一的聚居地，全乡辖迪政当村、龙元村、献九当村、孔当村、巴坡村、马库村6个村委会，26个自然村落，41个村民小组，1232户，总人口4418人，其中农业人口4165人，独龙族人数占总人口数的99%。全乡耕地面积2539亩，人均耕地面积0.62亩，人口密度为2.18人/平方千米。

（2）普米族分布概况

普米族是云南特有民族，90%居住在滇西的兰坪、宁蒗、丽江、维西、永胜各县，少数分布于四川盐源、木里等地。普米族多居住在平均海拔2500米以上的高寒山区。隶属怒江傈僳族自治州的兰坪白族普米族自治县是我国唯一的白族普米族自治县。兰坪辖区面积4325平方千米，辖4镇4乡，102个村民委员会，5个社区居委会，782个自然村，总人口21万人。

兰坪县共有21个普米族聚居村和1个普米族聚居民族社区，其中：普米族主要分布在通甸镇的德胜、河边、龙潭、弩弓、东明、箐头、水俸等7个村委会和81个民族社区，河西乡的箐花、大羊、三界、联合、玉狮等5个村委会，石登乡的庄河、回龙、大竹箐、仁甸河等4个村委会；金顶镇的高坪、干竹河等2个村委会和啦井镇的挂登村、桃树、长涧等3个村委会，共有212个自然村8418 户，21个普米族聚居村和1个普米族聚居民族社区总人口33647 人，其中普米族人口18766人，族群人口占全县总人口的9%。

（3）怒族分布概况

怒族主要居住在云南省怒江傈僳族自治州的泸水市（原碧江县）、福贡县、贡山独龙族怒族自治县、兰坪白族普米族自治县。此外，西藏自治区的察隅县也有少量分布，境外缅甸钦邦北部山区也有怒族人居住[①]。怒族虽然分布较广，但小聚居是其主要特征，以贡山县独龙族怒族自治县丙中洛镇为例，丙中洛镇位于贡山独龙族怒族自治县的北部，这里是怒族聚居区之一，地处“三江并流”世界自然遗产及国家级风景名胜区的核心地。丙中洛镇怒族人口分布见表2-8。

表2-8 丙中洛镇怒族人口统计表

（单位：户，人）

| 村名 | 组名 | 怒族户数 | 怒族人口数 | 怒族建档立卡户 | 怒族建档立卡户人数 |
|---|---|---|---|---|---|
| 丙中洛村 | 丙中洛1组 | 17 | 48 | 7 | 20 |
| | 丙中洛2组 | 20 | 73 | 15 | 52 |
| | 那依朵1组 | 1 | 6 | 0 | 0 |
| | 那依朵2组 | 8 | 26 | 4 | 11 |
| | 那依朵3组 | 2 | 6 | 0 | 0 |
| | 打拉1组 | 31 | 96 | 16 | 52 |
| | 打拉2组 | 31 | 111 | 16 | 52 |
| | 打拉3组 | 13 | 36 | 6 | 18 |
| | 日当1组 | 25 | 77 | 6 | 20 |
| | 日当2组 | 24 | 92 | 9 | 38 |
| | 日当3组 | 18 | 46 | 3 | 9 |
| | 斯尼丹 | 14 | 44 | 12 | 38 |
| | 王期 | 44 | 135 | 28 | 86 |
| | 坎通 | 8 | 29 | 6 | 27 |
| | 新村 | 6 | 19 | 1 | 2 |
| | 扎那桶 | 32 | 119 | 18 | 73 |
| 甲生村 | 重丁组 | 54 | 142 | 27 | 75 |
| | 甲生组 | 55 | 167 | 38 | 115 |
| | 形它组 | 37 | 113 | 33 | 98 |
| | 秋科当 | 30 | 95 | 23 | 71 |

① 李月英：《“三江并流”区的怒族人家》，民族出版社2005年版，第2页。

续表

| 村名 | 组名 | 怒族户数 | 怒族人口数 | 怒族建档立卡户 | 怒族建档立卡户人数 |
|---|---|---|---|---|---|
| 甲生村 | 东风一组 | 5 | 18 | 2 | 7 |
| | 东风二组 | 6 | 27 | 4 | 18 |
| | 南木开组 | 20 | 69 | 17 | 59 |
| | 羊古当组 | 4 | 14 | 4 | 14 |
| | 四季桶组 | 17 | 68 | 16 | 62 |
| 双拉村 | 双拉一组 | 32 | 72 | 31 | 70 |
| | 双拉二组 | 43 | 117 | 36 | 98 |
| | 茶拉一组 | 53 | 150 | 49 | 141 |
| | 茶拉二组 | 46 | 125 | 43 | 118 |
| | 九桶一组 | 22 | 67 | 0 | 0 |
| | 九桶二组 | 26 | 68 | 0 | 0 |
| | 比毕利一组 | 54 | 168 | 48 | 143 |
| 双拉村 | 比毕利二组 | 36 | 77 | 3 | 7 |
| | 吓卡组 | 60 | 136 | 54 | 125 |
| | 小茶腊 | 1 | 2 | 0 | 0 |
| | 酱龙组 | 25 | 78 | 25 | 78 |
| 秋那桶村 | 青那桶 | 39 | 125 | 23 | 75 |
| | 碧汪组 | 21 | 71 | 0 | 0 |
| | 嘎干塔 | 33 | 96 | 17 | 52 |
| | 贡卡组 | 36 | 116 | 26 | 89 |
| | 雾里一组 | 26 | 77 | 20 | 65 |
| | 雾里二组 | 35 | 86 | 23 | 63 |
| | 那恰洛 | 6 | 11 | 4 | 7 |
| | 石普组 | 25 | 68 | 20 | 58 |
| | 尼达当 | 37 | 93 | 15 | 40 |
| | 初岗 | 40 | 135 | 29 | 98 |

（4）德昂族分布概况

德昂族，也称“崩龙族”，主要居住在中华人民共和国与缅甸联邦共和国交界地区，是一个典型的大分散小聚居的民族，分布范围非常广，中国一侧主要分布在云南省德宏、保山、临沧等3个地州的9个县市，缅甸一侧分布在掸邦、克钦邦等地。德宏傣族自治州芒市三台山乡是全国唯一的德昂族民族乡。全乡面积158平方千米，辖4个村民委员会，36个村民小组，总人口7274人，德昂族占全乡总人口的60%。三台山德昂族民族乡交通便利、经济发展势头良好、文化底蕴深厚，具有很强的开发潜质。

（5）阿昌族分布概况

阿昌族主要分布于云南省德宏傣族景颇族自治州陇川县户撒阿昌族乡、梁河县囊宋阿昌族乡、九保阿昌族乡。阿昌族制造的铁器极负盛名，以“户撒刀”著称于世。户撒，因佛寺众多、繁花似锦，又被称为“佛祖花园”，是全国最大的阿昌族聚居地，是明朝大将沐英西征时的屯军驻扎地，户撒境内古树古井古道、古寺古奘房众多，拥有“五山、六寺、六会、九摆、九塔和四十七奘”，是宗教文化的大观园，户撒“三绝一宝”——“户撒刀、过手米线、阿昌族银首饰、户撒烟”远近闻名。全乡总体面貌是两山一坝的狭长小盆地，坝区海拔1380～1480米，南北长26.5千米，东西宽9.5千米，面积251.9平方千米，有耕地面积67771.2亩，人均耕地2.98亩，年平均气温16.1℃，年降水量2053毫米，适合种植优质稻、猕猴桃、草果等特色农产品。

户撒全乡辖11个村委会136个村民小组，总人口5422户24791人，其中阿昌族3250户14289人，占总人口的57.6%。2015年全乡农村经济总收入29644万元，比2014年增长20%；农村居民人均可支配收入达6667元，同比增幅18%。2016年全乡实现农村经济总收入37113万元，较2015年增长7469万元，增幅25.2%；农村居民人均可支配收入7668元，较2015年增长1001元，增幅15%。

（6）景颇族分布概况

景颇族主要聚居在云南省德宏傣族景颇族自治州山区，少数居住在怒江傈僳族自治州与缅甸克钦邦接壤地区。全国近1/3的景颇族居住在陇川县。陇川县面积1931平方千米，辖5乡4镇和1个农场，有73个村委会（社区）、772个村民小组，总人口19.32万人。全县居住着景颇族、傣族、阿昌族、傈傈族、德昂族等多个少数民族，其中景颇族50416人、傣族33151人、阿昌族16416人、傈僳族5631人、德昂族1512人，少数民族人口10.7万人，占全县总人口的55.4%。

（7）基诺族分成概况

基诺族是1979年国务院正式确认的我国第56个民族，主要聚居于云南省西双版纳傣族自治州景洪市基诺山基诺族民族乡及四邻的勐旺、勐养、勐罕。基诺山基诺族民族乡全乡总面积622.9平方千米，森林覆盖率达94.01%，95%以上土地坡度在25°以上，是典型的纯山区民族乡。全乡辖巴亚、司土、巴来、新司土、洛特、巴卡、茄玛7个村委会共46个村民小组，辖区内居住有基诺、汉、哈尼、傣、拉祜、布朗、彝、瑶等民族。2017年末，全乡共有3868户14209人，其中基诺族12009人，占全乡总人口的84.5%；农业人口11645人，占全乡总人口的82%。

以洛特村委会为例，洛特村位于基诺族乡东南部，村委会所在地距乡政府18千米。辖普米、巴贵、洛特老寨、洛特二队、毛娥老寨、阿窝饶、普希老寨7个村民小组。2016年末有306户1191人，其中，农村居民250户1024人，外来务农居民56户167人，女性570人，劳动力699人。人口自然增长率6.87‰。共有党员55人，其中预备党员1人，女性党员17人。2016年全村有耕地面积1815亩，其中，水田341亩，旱地1474亩。粮豆播种面积6435亩，总产量1599.68吨，人均有粮1603公斤。农村经济总收入1765.56万元，农民人均纯收入8388元。生猪存栏1309头，出栏949头；家禽存栏12866只，出栏5243只。茶叶种植面积3824亩，采摘3824亩，产量104.87吨；橡胶种植面积19832亩，开割8840亩，产量203吨；砂仁种植面积5493亩，产量9.94吨；咖啡种植500亩，澳大利亚坚果1367亩；水果面积1500亩，产量366吨。每个村民小组均已实现“五通”（即通电、通水、通水泥路、通有线电视和通电话），有文化活动室，6个村民小组有标准篮球场，6个村民小组村内通水泥路，7个村民小组实现垃圾集中处理，均已住砖瓦房。

以巴来村委会为例，巴来位于基诺族乡东南部，村委会所在地距乡政府27千米，辖巴来中寨、巴来小寨、小普希、小巴洒、大巴洒、巴奎、巴来下寨7个村民小组。2016年末有464户2142人，其中农村居民464户2142人，外来务农居民41户75人，女性1052人，劳动力1553人。人口自然增长率6.87‰。共有党员80人，其中预备党员3人，女性党员18人。2016年全村有耕地面积1373亩，其中水田1344亩。粮豆播种面积1988亩，总产量895.63吨，人均有粮427公斤。农村经济总收入5436.93万元，农民人均纯收入16278元。生猪存栏988头，出栏584头；家禽存栏12079只，出栏6433只。茶叶种植面积719亩，采摘719亩，产量29.32吨；橡胶种植面积32493亩，开割27475亩，产量2556吨；水果种植面积1117亩，产量32.4吨。每个村民小组均已实现“五通”，村内通水泥路、有文化活动室，6个村民小组有标准篮球场，7个村民小组已实现垃圾集中处理，均已住砖瓦房。

（8）布朗族分布概况

布朗族主要分布在云南省西部及西南部沿边地区，大部分分布于西双版纳傣族自治州勐海县的布朗山、西定、巴达、打洛、勐满、勐岗等乡镇。布朗山民族乡位于勐海县南部，是全国唯一的布朗族乡，全乡面积1000.66平方千米，全乡辖7个行政村，63个村民小组，2017年末全乡人口5361户22384人，农民人均纯收入7426元。辖区内主要有布朗、哈尼、拉祜三大世居民族。其中，布朗族占辖区总人口的63.38%，哈尼族占辖区总人口的16.59%，拉祜族占辖区总人口的10.97%，其他民族占总人口的9.06%。全乡63个自然村小组，布朗族村小组占41个，村寨占比65.1%。

### 2. 分布于广西与贵州的毛南族、仫佬族和京族

（1）毛南族分布概况

广西毛南族主要聚居在广西河池市环江毛南族自治县，这是1986年11月经国务院批准成立的全国唯一的毛南族自治县，是毛南族的发祥地和主要的聚居地。环江县下南乡是毛南族主要聚焦区，下南乡地处云贵高原南麓，位于环江毛南族自治县西南部，距环江县城66千米、河池市72千米。全乡11个行政村175个自然屯249个村民小组，总人口18860人，2017年在册贫困户998户3345人。居住着毛南、壮、汉等民族，其中毛南族人口占全乡总人口的98.2%，是全国毛南族聚居地和发源地。下南是典型的农业之乡，主要养殖菜

牛、山猪、土鸡、桑蚕等，种植水稻、玉米、红薯等。

贵州毛南族主要分布在黔南州平塘县的卡蒲毛南族乡、者密镇和大塘镇，独山县的羊凤乡，惠水县的和平镇和高镇镇等3个县6个乡镇46个行政村①。卡蒲乡是我国唯一的毛南族乡，人口为10673人，占全乡总人口的98%，占贵州毛南族总人口的39.05%。

（2）仫佬族分布概况

广西仫佬族主要聚居在广西河池市罗城仫佬族自治县及柳州市柳城县古砦仫佬族乡。罗城仫佬族自治县是1983年8月经国务院批准成立的全国唯一的仫佬族自治县。全县共有11个乡镇（7镇4乡），有141个行政村（社区），1644个自然屯。罗城县总人口37.96万人，有仫佬、壮、苗、瑶、侗等11个少数民族 27.87万人，占全县总人口的73.42%。其中仫佬族人口12.55万人，占全县总人口的 33.06%，占全国仫佬族人口的73%以上。柳城县古砦仫佬族乡是1999年1月由广西壮族自治区人民政府批准成立的，是全国唯一的仫佬族乡，是仫佬、壮、汉等多民族混合聚居地，总人口34356人，其中仫佬族人口10279人，占全县总人口的29.92%。

贵州省仫佬族大部分聚居在黔东南州麻江县的下司镇、宣威镇、龙山乡、碧波乡、贤昌乡，凯里市的大风洞乡、炉山镇，黄平县的野洞河乡、重安镇等3个县（市）9个乡镇29个行政村，黔东南州仫佬族人口19533人，其中麻江县仫佬族人口达17894人，占贵州仫佬族总人口的85%。贵州仫佬族小部分分布在黔南州福泉市的陆坪镇、藜山乡等1个县级市的2个乡镇、2个行政村，黔南州仫佬族人口1417人。2009年末贵州仫佬族总人口20940人②。

### 3. 分布于广西壮族自治区的京族

京族主要分布在广西壮族自治区防城港市东兴市江平镇的万尾、山心、巫头三个海岛上，素有“京族三岛”之称，是我国京族的唯一聚居地。东兴市位于我国大陆海岸线最西南端，其背靠十万大山，面临北部湾，海岸线长

---

① 李英勤：《贵州人口较少民族区域发展、扶贫开发与生态建设良性互动机制探析》，《凯里学院学报》2013年第4期，第77页。

② 同上。

50千米。2010年第六次人口普查显示，京族共有28199人，其中东兴市18660人，主要分布于江平镇和东兴镇。其中，江平镇有14378人、东兴镇有4047人。京族三岛的人口最多，为6957人，占三岛人口8622人的80.69%，占东兴市京族人口的37.28%，其余的主要分布在潭吉、江龙、贵明、江平圩、城南社区和东兴街、竹山、东效、北效等村或社区①。

#### 4. 分布于西藏的门巴族和珞巴族

门巴族、珞巴族是西藏特有的两个民族。2010年第六次全国人口普查数据显示，我国实际控制线内的门巴族 10561人、珞巴族3682人，主要分布在林芝市的巴宜区、米林县、墨脱县、察隅县和山南市的隆子、错那等10个县（区）38个乡（镇）的151个行政村，呈大分散、小聚居分布。其中山南市错那县的麻玛门巴族乡、贡日门巴族乡、基巴门巴族乡、勒门巴族乡和林芝市的巴宜区（原林芝县）更章门巴族乡、墨脱县达木珞巴族乡、米林县南伊珞巴族乡，以及山南市的隆子县斗玉珞巴族乡最为集中②。

### （三）西南人口较少民族的基本特征

#### 1. 人口数量总量小、发展不均衡

西南地区13个人口较少民族占我国民族种类的23%，但根据2010年第六次人口普查，人口只有797928人，占我国当时总人口的0.6%。从总体上看，这13个民族总人口由1982年的378630人，增长到2010年的797928人，28年时间增长了2.1倍，与全国相同时间段内相比，我国总人口由1982年的1003913927人到2010年的1332810869人，增长1.3倍，多出0.8倍，这应该是在这28年间我国总体上实行严格的计划生育政策，而人口较少民族特别是对0～3千米边境线内的边民实行相对宽松的人口生育政策所致，而这13个民族中有9个是跨国民族，所以他们的人口相对有所增长。但是我们看到，这13个民族的人口发展是不均衡的，从基数上来看，人口在5万以下的有9个，分别

① 中国人民政治协商会议广西壮族自治区委员会：《京族百年实录》，广西民族出版社2015年版，第23页。

② 朱玉福、伍淑花：《人口较少民族精准扶贫须走特色经济之路——以西藏人口较少民族门巴族、珞巴族为例》，《广西民族研究》2018年第5期，第112页。

是普米族、阿昌族、怒族、京族、基诺族、德昂族、门巴族、独龙族、珞巴族；人口在10万以上的有4个，分别是仫佬族、景颇族、布朗族和毛南族。其中人口最多的是仫佬族，有216257人；最少的是珞巴族，有3862人。

**2. 分布主要呈大杂居、小聚居特点**

从总体上来看，除京族外，另外12个民族居住相当分散，大多处于与其他民族混合杂居的状态。例如，云南省的德昂族在中国仅有人口2万余人，“但分布却横跨3个地州9个县市，分布在 70 余个自然村寨，其人口分布基本处于与其他民族交错杂居的状态”[①]。仫佬族除主要聚居在广西河池市罗城仫佬族自治县及柳州市柳城县古砦仫佬族乡外，还聚居在贵州省黔东南州麻江县的下司镇、宣威镇、龙山乡、碧波乡、贤昌乡，凯里市的大风洞乡、炉山镇，黄平县的野洞河乡、重安镇等，小部分分布在黔南州福泉市的陆坪镇、藜山乡等。仫佬族与其他民族杂居例子详见专栏1。

→ 专栏 1

## 罗城仫佬族自治县德能村和榕木村民族杂居情况

德能村是罗城仫佬族自治县贫困村之一，位于四把镇西南部，村委会距离镇政府所在地约9千米，全村面积约4平方千米，现有耕地面积985亩，其中水田393亩，人均0.43亩；旱地592亩，人均0.64亩；荒山荒坡6809.1亩，人均7.39亩，是典型的大石山区贫困村，村民收入来源主要依靠外出务工以及在家种植水稻、甘蔗、青蒿，饲养牲畜和家禽。全村共辖7个自然屯，248户854人，其中壮族555人，仫佬族290，其他民族9人。

榕木村位于罗城县东门镇东北部，距镇政府22千米，是典型的少数民族边远贫困村。榕木村耕地面积2608亩，其中，水田1660亩，旱地948亩，有19个自然屯（小黄泥、大黄泥、榕木、铺底、根

① 李炎：《云南人口较少民族人口政策研究》，硕士学位论文，吉林大学，2013年。

堵、甘坪、寨洲、大凤凰、小凤凰、岩洞、牛庙、罗洞、芋头洞、牛洞、任洞、辉洞、龙胜、龙罗、牛坪），截至2017年底全村总人口2400人，其中，仫佬族占21.5%，壮族占44.9%。贫困人口893人，贫困发生率37.2%，低保户277户，五保户23人，领取养老金407人，享受80岁高龄补贴54人。

---

但是另一方面，这些民族也显示出小聚居的一面，以德昂族为例，一般德昂族自然村寨 95%以上者是本民族居住[①]。又如，云南省怒江傈僳族自治州贡山独龙族怒族自治县独龙江乡孔当村、献九当村、迪政当村、龙元村、巴坡村、马库村等6个村，每个村独龙族占99%。详见专栏2。

→ 专栏 2

### 独龙江乡巴坡村民族聚居情况

巴坡村地处独龙江乡南部，距独龙江乡政府所在地孔当村18千米，距南部马库村钦兰当21千米，2002年以前是独龙江乡原乡政府所在地，也是贡山县到独龙江人马驿道的终点。辖8个村民小组，即斯拉洛、独务当、木兰当、巴坡、米里王、麻扒拉、孟顶、拉王夺，共213户868人（新安居房户数），劳动力520人，99%以上为独龙族。境内有37、38、39号国界界桩，全村面积为445平方千米，海拔1510米，年平均气温18.2 ℃，年降水量3105～4000毫米。

---

#### 3. 跨国而居比较普遍

西南地区13个人口较少民族除仫佬族、毛南族、基诺族和普米族4个民族外，其余的京族、布朗族、景颇族、阿昌族、怒族、德昂族、独龙族、门巴族、珞巴族等9个民族皆是跨国民族。在这9个跨国民族中，分布于云南省的6

① 李炎：《云南人口较少民族人口政策研究》，硕士学位论文，吉林大学，2013年。

个跨国民族情况比较复杂，“有些民族甚至是跨三国、四国而居，例如布朗族主要跨中国、泰国、缅甸、老挝四国而居，有的村寨横跨两国，仅布朗山乡就有国境线96.5千米”[①]。京族与越南芒街市一河之隔，一桥相连，边界线长27.75千米，是典型的沿边、沿海和丘陵山区，是西南地区9个跨国人口较少民族中唯一一个沿海的民族，也是我国唯一以海洋渔业经济为主的少数民族。

#### 4. 有8个民族是“直过民族”[②]，社会发展程度底

在西南地区13个人口较少民族中共有8个民族同时也是“直过民族”，分别是云南省的景颇族、德昂族、独龙族、怒族、布朗族和基诺族，以及西藏的门巴族和珞巴族。这8个民族集人口较少民族和“直过民族”于一体，社会经济发展长期滞后，增加了脱贫攻坚难度。“直过民族”和人口较少民族两大因素叠加在一起，出现了“三个最”：即最贫困地区、最弱势群体、最特殊族群[③]。在文盲人口占15岁及15岁以上人口比例中，这8个民族的比例很高，排在最前面的两位是西藏的门巴族和珞巴族，分别是36.14%和31.13%，排在最后的是景颇族和基诺族，分别是8.96%和9.74%。详见表2-9。

表2-9　8个“直过民族”15岁及15岁以上的文盲状况

（单位：人，%）

| 民族 | 15岁及15岁以上 | 文盲人口 | 文盲人口占15岁及15岁以上人口比例 |
|---|---|---|---|
| 独龙族 | 5205 | 887 | 17.04 |
| 怒族 | 28781 | 4138 | 14.38 |
| 景颇族 | 111711 | 10014 | 8.96 |
| 德昂族 | 15293 | 3271 | 21.39 |
| 布朗族 | 90914 | 11444 | 12.59 |
| 基诺族 | 18332 | 1785 | 9.74 |
| 门巴族 | 7634 | 2759 | 36.14 |
| 珞巴族 | 2538 | 790 | 31.13 |

资料来源：根据《中国民族统计年鉴》（2013年版）整理。

① 李炎：《云南人口较少民族人口政策研究》，硕士学位论文，吉林大学，2013年。

② “直过民族”特指中华人民共和国成立后，未经民主改革，直接由原始社会末期或奴隶社会跨越几种社会形态过渡到社会主义社会的民族。

③ 王元辅：《云南民族“直过区”经济社会发展调查》，《云南社会科学》2007年第1期。

这8个“直过民族”以从事第一产业为主，其次是第三产业，从事第二产业的人数不多。可见这8个直过民族以农业为主，近年来随着乡村旅游兴起，有部分人从事了第三产业。详见表2-10。

表2-10　8个“直过民族”分产业的人口

（单位：人）

| 民族 | 总计 | 第一产业 | 第二产业 | 第三产业 |
|---|---|---|---|---|
| 独龙族 | 453 | 400 | 17 | 36 |
| 怒族 | 2215 | 1773 | 137 | 305 |
| 景颇族 | 8811 | 7252 | 445 | 1114 |
| 德昂族 | 1255 | 1127 | 40 | 88 |
| 布朗族 | 7402 | 6327 | 401 | 674 |
| 基诺族 | 1514 | 1248 | 40 | 226 |
| 门巴族 | 603 | 509 | 19 | 75 |
| 珞巴族 | 182 | 159 | 3 | 20 |

资料来源：根据《中国民族统计年鉴》（2013年版）整理。

从表2-9和表2-10我们看到，“直过民族”的平均教育年限很低，文盲占比高，因此，虽然中华人民共和国成立后，这些“直过民族”直接进入社会主义社会，成为祖国大家庭平等的一员，在共同富裕的发展道路上，国家也从顶层设计的角度为这些民族作出了“私人定制”式的治理策略，这些民族的面貌也发生了巨大变迁，但受制于历史、自然和传统生产方式的影响，他们的思想观念还跟不上现代社会快速变迁的节奏，特别是“等靠要”落后思想严重影响了这些民族脱贫攻坚的效果。

## 二、西南地区人口较少民族推进精准脱贫的基础分析

1999年，费孝通关于专门研究几个人口较少民族发展问题的建议推动了中国政府对人口较少民族的高度重视。根据费孝通的建议，国家民委于2000年组织了国内20余位专家学者开展实地调查，掌握了丰富详细的第一手资料，提出了实施扶持人口较少民族发展的必要性和可行性。因此，进入新世

纪以来，在政府和学术界的强烈关注下，我国人口较少民族进入一个飞速发展时期。

### （一）国家层面对人口较少民族的扶持

#### 1. 出台专门政策

以《扶持人口较少民族发展规划（2005—2010年）》发布为起点，2005—2015年，我国从顶层设计的角度出台一系列扶持人口较少民族发展专门文件，形成了一套基本的政策体系。详见表2-11。

表2-11　“十一五”到“十二五”期间国家出台的扶持人口较少民族政策统计表

| 序号 | 政策名称 | 制定部门 | 制定时间 |
| --- | --- | --- | --- |
| 1 | 《扶持人口较少民族发展规划（2005—2010年）》 | 国家民委、国家发展改革委等 | 2005年 |
| 2 | 《少数民族发展资金管理办法》 | 财政部、国家民委 | 2006年 |
| 3 | 《扶持人口较少民族发展规划（2011—2015年）》 | 国家民委、国家发展改革委等 | 2011年 |
| 4 | 《少数民族事业“十一五”规划》 | 国务院办公厅 | 2007年 |
| 5 | 《少数民族事业“十二五”规划》 | 国务院办公厅 | 2012年 |

#### 2. 出台与扶持人口较少民族相关的政策

在这10年间，正逢我国西部大开发和深入推进扶贫开发战略时机，因此这期间中央出台的其他政策包括扶贫开发、西部大开发、兴边富民、沿边开发等各类政策措施，均可看作扶持人口较少民族发展的重要补充。诸如《国务院关于进一步繁荣发展少数民族文化事业的若干意见》、《国务院办公厅关于印发兴边富民行动规划（2011—2015年）的通知》和《西部大开发“十二五”规划》等一系列政策组合。详见表2-12。

表2-12　“十一五”到“十二五”期间国家扶持人口较少民族相关政策统计表

| 序号 | 文件名称 | 制定部门 | 制定时间 |
| --- | --- | --- | --- |
| 1 | 《关于进一步繁荣发展少数民族文化事业的若干意见》 | 国务院 | 2009年 |
| 2 | 《国务院办公厅关于印发兴边富民行动规划（2011—2015年）的通知》 | 国务院办公厅 | 2011年 |
| 3 | 《国务院办公厅关于印发少数民族事业“十二五”规划的通知》 | 国务院办公厅 | 2012年 |

续表

| 序号 | 文件名称 | 制定部门 | 制定时间 |
|---|---|---|---|
| 4 | 《西部大开发“十二五”规划》 | 国务院 | 2012年 |
| 5 | 《国务院关于进一步促进广西经济社会发展的若干意见》 | 国务院 | 2009年 |
| 6 | 《关于进一步支持甘肃经济社会发展的若干意见》 | 国务院 | 2010年 |
| 7 | 《关于进一步促进内蒙古经济社会又好又快发展的若干意见》 | 国务院 | 2011 年 |
| 8 | 《关于进一步促进贵州经济社会又好又快发展的若干意见》 | 国务院 | 2012 年 |

#### 3. 专门划拨资金和项目

按照国务院《关于扶持人口较少民族发展问题的复函》的要求，2002年起，国务院各部门和地方各级政府加大了对人口较少民族的扶持力度：中央财政对人口较少民族的发展给予大力支持，2002—2004年安排发展补助资金1.17亿元[①]；2011年10月，国务院批准同意建立由国家民委、发展改革委、财政部、中国人民银行、国务院扶贫办牵头，由国务院36个相关部门和单位组成的扶持人口较少民族发展部际联席会议制度，发展不平衡不充分的人口较少民族进入了一个发展黄金期，对人口较少民族的专项扶持资金和项目上了一大台阶。2005—2010年，国家共投入各项扶持资金45.16亿元，实施项目15206个，基础设施项目、群众增收项目分别占扶持资金总额的83.2%和16.8%。2011—2014年，中央和地方共投入各类资金66.07亿元，安排各类项目9356个[②]。

### （二）西南地区省（区）级层面扶持人口较少民族的有力措施

与国家密集出台政策扶持人口较少民族相适应，在这十年间西南地区各地也纷纷出台了扶持本地人口较少民族的政策。

#### 1. 云南省扶持人口较少民族的举措

云南省是我国人口较少民族种类最多、人数最多、发展任务最重的省份。因而，基于云南民族工作的实际，云南省委、省政府出台实施了一系列

① 李炎：《云南人口较少民族人口政策研究》，硕士学位论文，吉林大学，2013年。

② 耿新：《扶持人口较少民族发展政策的演变、特点与启示》，《新华文摘》2019年第12期，第20—21页。

政策措施，倾力扶持人口较少民族发展。

为帮助8个人口较少民族摆脱贫困，改革开放以后，云南省根据各民族实际情况，因地制宜，先后实施了“扶贫攻坚乡”“山坝结合”“一山一策”“一族一策”等扶持工作，特别是有创新地开展了“两山”[①]综合扶贫开发等项目。进入21世纪以来，云南省明确提出“决不让任何一个兄弟民族在共同发展的道路上掉队”的战略目标，这为后来习近平总书记在云南对独龙族代表提出“全面实现小康，一个民族都不能少”奠定了基础。2002年，云南省制定《关于采取特殊措施加快我省7个人口较少特有民族脱贫发展步伐的通知》，随后，在中缅边境的三台山德昂族乡和独龙江乡烈烈轰轰开展了“兴边富民行动”。

云南省还率先对在人口较少民族聚居地区的中小学生实行“三免费”教育，并在昆明开办人口较少民族大中专班和高中班。2004年，云南省颁布《云南省实施〈中华人民共和国民族区域自治法〉办法》；2006年3月，云南省制定了《云南省扶持人口较少民族发展规划（2006—2010年）》，同年7月，云南省专门召开全省扶持人口较少民族发展工作会议，同时着力编制《云南省扶持人口较少民族发展规划》。除了这些强有力的政策以外，云南省还出台了多个相关文件，扶持8个民族快速发展。详见表2-13。

**表2-13　“十一五”期间云南省扶持人口较少民族发展政策统计表**

| 序号 | 政策名称 | 制定时间 |
| --- | --- | --- |
| 1 | 《云南省扶持人口较少民族发展专项建设规划（2006—2010年）》 | 2005年 |
| 2 | 《关于进一步加强民族工作加快少数民族和民族地区经济社会发展的决定》 | 2005年 |
| 3 | 《云南省扶持人口较少民族发展规划（2006—2010年）》 | 2006年 |
| 4 | 《扶持人口较少民族发展专项建设实施工作方案》 | 2006年 |
| 5 | 《项目资金管理办法》 | 2006年 |
| 6 | 《云南省扶持人口较少民族发展规划（2011—2015年）》 | 2011年 |

① 指基诺山乡和布朗山乡。

续表

| 序号 | 政策名称 | 制定时间 |
|---|---|---|
| 7 | 《云南省人民政府关于进一步加快人口较少民族发展的决定》 | 2011年 |
| 8 | 《加快少数民族和民族地区经济社会发展“十二五”规划》 | 2011年 |

从2011年起，云南省按照“省抓规划、州（市）负总责、县抓落实、项目到村、扶持到户”的方针，“累计整合各级各部门资金72.23亿元，实施基础设施建设、特色产业培植、民生保障改善、民族文化发展、人力资源开发、和谐家园建设6项工程56个项目”①。

**2. 广西壮族自治区扶持人口较少民族的举措**

毛南族、京族、仫佬族是广西人口较少民族，其中，京族人口2.33万人，毛南族6.56万人，仫佬族17.23万人，共有人口26.12万人，占全国人口较少民族188.3万人的13.9%，因此广西扶持人口较少民族的任务也比较重。广西壮族自治区根据国家制定的相关政策，结合全区列入规划的3个人口较少民族发展实际，从自治区层面先后制定了专门面向3个人口较少民族的政策，详见表2-14。其中《广西壮族自治区落实〈扶持人口较少民族发展规划〉（2011—2015年）实施意见》明确提出5年内发展的具体目标是：京族聚居行政村率先，毛南族、仫佬族聚居行政村在2015年实现“五通十有”②，在人口较少民族聚居区实现“一减少、二高于、三提升”③。

① 张帆、徐元锋、杨文明：《决不让一个兄弟民族掉队　决不让一个民族地区落伍　云南帮扶人口较少民族跨越发展》，《人民日报》2014年9月21日，第7版。

② “五通十有”：是指人口较少民族聚居行政村通硬化路，通电，通广播电视，通信息（电话、宽带），通沼气（清洁能源）；有安全饮用水，有安居房，有卫生厕所，有高产稳产基本农田（草场、牧场、经济林地、养殖水面）或增收产业，有学前教育，有卫生室，有文化室或农家书屋，有体育健身和民族文化活动场地，有办公场所，有农家小超市（便利店）或农资放心店。

③ “一减少、二高于、三提升”：是指人口较少民族聚居区贫困人口数量减少一半或以上；京族农民人均纯收入增幅高于全国平均水平，毛南族、仫佬族农民人均纯收入增幅高于全区平均水平；基础设施保障水平、民生保障水平、自我发展能力大幅提升。

**表2–14　广西扶持人口较少民族发展文件统计表**

| 序号 | 文件名称 |
| --- | --- |
| 1 | 《广西壮族自治区人口较少民族发展专项建设规划（2006—2010年）》 |
| 2 | 《广西实施国家民委等五个部门〈扶持人口较少民族发展规划〉的意见》 |
| 3 | 《广西壮族自治区扶持人口较少民族发展“十二五”专项建设规划（2011—2015年）》 |
| 4 | 《广西壮族自治区落实〈扶持人口较少民族发展规划〉（2011—2015年）实施意见》等 |

除了自治区层面，广西东兴市、环江毛南族自治县、罗城仫佬族自治县根据国家、自治区层面的相关规划要求，也分别制定出了本地人口较少民族发展的政策。详见表2–15。

**表2–15　广西地方性扶持人口较少民族发展文件统计表**

| 序号 | 文件名称 |
| --- | --- |
| 1 | 《广西东兴市扶持人口较少民族（京族）发展项目建设规划（2006—2010年）》 |
| 2 | 《广西东兴市扶持人口较少民族（京族）发展项目建设规划（2011—2015年）》 |
| 3 | 《环江毛南族自治县扶持人口较少民族（毛南族）发展项目建设规划（2006—2010年）》 |
| 4 | 《环江毛南族自治县扶持人口较少民族发展的实施意见》 |
| 5 | 《环江毛南族自治县实施人口较少民族发展规划项目管理办法》 |
| 6 | 《广西罗城仫佬族自治县扶持人较少民族（仫佬族）发展“十二五”专项建设规划》 |

### 3. 贵州省扶持人口较少民族的举措

贵州省列入国家扶持人口较少民族发展“十二五”规划的人口较少民族有毛南族和仫佬族，人口较少民族聚居村有63个（仫佬族聚居村31个，毛南族聚居村32个），面积872.01平方千米，总人口14.69万人，其中，毛南族、仫佬族人口为76257人[①]。虽然贵州省人口较少民族总人口不多，行政村规模也不大，但是在国家扶持人口较少民族的要求下，贵州省先后于2006年和2011年编制《贵州省“十一五”扶持人口较少民族（毛南族）发展专项

① 中共贵州省委政策研究室、省民族宗教事务委员会联合课题组：《贵州人口较少民族聚居村全面小康问题研究》，《贵州民族报》2016年1月11日，第3版。

建设规划（2005—2010年）》和《贵州扶持人口较少民族发展专项建设规划（2011—2015年）》两个规划，并以这两个规划为基础先后制定了一系列专门的政策文件，形成了较为完整的政策体系。详见表2–16。

表2–16　贵州省专门扶持人口较少民族政策统计表

| 序号 | 文件名称 |
| --- | --- |
| 1 | 《贵州省扶持人口较少民族发展“十二五”专项建设规划》 |
| 2 | 《贵州省“十二五”少数民族事业发展规划》 |
| 3 | 《贵州省人口较少民族聚居行政村率先实现全面小康行动计划》 |
| 4 | 《关于做好扶持人口较少民族发展工作的实施意见》 |

“十二五”期间，贵州省在扶持人口较少民族的实践中还提出“两个优先”[①]，发展专向资金多向人口较少民族聚居村倾斜，金融机构的“三农”扶持也要重点照顾人口较少民族聚居村[②]。

4. 西藏自治区扶持人口较少民族的举措

门巴族、珞巴族是西藏自治区两个人口较少民族。扶持人口较少民族政策实施以来，在国家和对口帮扶省市的大力扶持下，西藏加大了对这两个民族的扶持，先后出台了几个重要文件大力支持他们的发展。详见表2–17。

表2–17　西藏专门扶持人口较少民族政策统计表

| 序号 | 文件名称 |
| --- | --- |
| 1 | 《西藏自治区扶持人口较少民族发展专项建设规划（2006—2010年）》 |
| 2 | 《中共西藏自治区委员会　西藏自治区人民政府关于进一步加快边境地区经济社会发展的意见》 |
| 3 | 《西藏自治区人人口较少少数民族整体脱贫和发展意见》 |

西藏自治区还将扶持人口较少民族建设专项规划纳入自治区“十一五”

① 即在全省“四在农家·美丽乡村”创建活动中，优先考虑人口较少民族聚居村，对人口较少民族聚居村给予优先对待。

② 汪月：《贵州省扶持人口较少民族发展政策实证研究——以麻江县仫佬族为例》，贵州民族大学硕士论文，2017年。

国民经济和社会发展整体规划中，“并把扶持人口较少民族发展工作作为实施‘十一五’时期全区国民经济和社会发展规划的一项重要内容和专项规划，提出‘一年起步、三年突破、五年见效’的总体工作目标”[①]。

**5. “十二五”时期扶持人口较少民族的县级样板：以陇川县为例**

“十二五”时期是全面建设小康社会、构建和谐社会、推进经济结构调整、转变经济增长方式、推动协调发展的关键时期。采取特殊政策措施，集中力量扶持人口较少民族加快发展，是党中央、国务院作出的一项重大决策，对于促进民族和民族地区科学发展，巩固和发展各民族大团结、促进社会和谐稳定意义重大。陇川县通过实施《云南省扶持人口较少民族发展“十二五”专项建设规划（2011—2015年）》，县内景颇族、阿昌族、德昂族人口较少民族聚居区经济社会得到全面发展，扶持工作取得了阶段性成就。

（1）基本情况

陇川县位于云南省德宏傣族景颇族自治州西南部，东、南、北三面分别与芒市、瑞丽市、梁河县及盈江县接壤，西与缅甸毗邻，国境线长50.899千米，全县面积1931平方千米，有耕地面积49.39万亩，其中，水田面积24.67万亩，森林覆盖率61.3%。全县辖5乡4镇和1个农场，居住着景颇族、傣族、阿昌族、傈僳族、德昂族等多种少数民族，少数民族人口10.11万人，占全县总人口的54%。全国近1/3的景颇族和1/2的阿昌族居住在陇川。

（2）项目实施情况

2011—2015年，上级下达陇川县扶持人口较少民族发展专项建设投资计划6494万元，其中，中央资金5503万元全部到位，省级资金991万元。2011—2015年计划实施项目95个，其中，2011年实施完成23个，2012年实施完成26个、2013年实施完成26个，2014年实施完成12个，2015年实施完成8个。项目分年度具体情况如下。

第一，陇川县2011年扶持人口较少民族发展建设项目实施情况。德宏州

① 朱玉福、伍淑花：《西藏实行民族区域自治50年的生动实践：人口较少民族的发展进步——兼论门巴族、珞巴族扶持效果》，《西藏民族大学学报（哲学社会科学版）》2015年第5期，第10页。

发展和改革委员会以《德宏州发展和改革委员会关于下达扶持人口较少民族发展2011年中央预算内投资计划的通知》（德发改投资〔2011〕823号）、《德宏州发展和改革委员会关于下达扶持人口较少民族发展2011年省级财政配套投资计划的通知》（德发改投资〔2011〕952号）为依据，下达陇川县2011年扶持人口较少民族发展建设项目23项，项目实施乡镇为陇川县章凤镇和陇把镇，重点扶持两个镇的德昂族、景颇族，投资计划1499万元，其中，中央资金1205万元，省配套294万元，实际到位资金1499万元。主要建设内容为：自然村文化活动室建设5项；农田水利灌溉沟渠建设7项；村庄整治建设5项；道路工程4项。工程已全部完工，完成投资1499万元。

第二，陇川县2012年扶持人口较少民族发展建设项目实施情况。德宏州发展和改革委员会以《德宏州发展和改革委员会关于下达扶持人口较少民族发展2012年中央预算内投资计划的通知》（德发改投资〔2012〕476号）为依据下达陇川县2012年扶持人口较少民族发展建设项目26项，项目实施乡镇为陇川县勐约乡和清平乡，重点扶持两个乡的景颇族。投资计划1735万元，其中，中央资金1393万元，省配套342万元，实际到位资金1393万元。主要建设内容为：自然村文化活动室建设4项；农田水利灌溉沟渠建设7项；村庄整治建设6项；道路工程9项。工程已全部完工，完成投资1393万元。

第三，陇川县2013年扶持人口较少民族发展建设项目实施情况。德宏州发展和改革委员会以《德宏州发展和改革委员会关于下达扶持人口较少民族发展2013年中央预算内投资计划的通知》（德发改投资〔2013〕574号）为依据下达陇川县2013年扶持人口较少民族发展建设项目26项，项目实施主体乡镇为陇川县城子镇和景罕镇，重点扶持这两个镇的景颇族，投资计划1300万元，其中，中央资金1165万元，省配套135万元，实际到位资金1165万元。主要建设内容为：自然村文化活动室建设11项；农田水利灌溉沟渠建设10项；自然村道路硬化建设5项。工程于2014年3月开工建设，至2014年9月全部完工，完成投资1165万元。

第四，陇川县2014年扶持人口较少民族发展建设项目实施情况。德宏州发展和改革委员会以《德宏州发展和改革委员会关于下达扶持人口较少民族发展2014年中央预算内投资计划的通知》（德发改投资〔2014〕446号）为依据下达陇川县2014年扶持人口较少民族发展建设项目12项，全部为道路建设，项目实施乡镇为陇川县王子树乡，重点扶持景颇族，投资计划1306万元，其中，中央资金1150万元，省配套156万元，实际到位资金1150万元。工程于2014年12月开工建设，至2015年6月全部完工，完成投资1150万元。

第五，陇川县2015年扶持人口较少民族发展建设项目实施情况。德宏州发展和改革委员会以《德宏州发展和改革委员会关于下达扶持人口较少民族发展2015年中央预算内投资计划的通知》（德发改投资〔2015〕312号）为依据下达陇川县2015年扶持人口较少民族发展建设项目8项，项目实施乡镇为清平乡、户撒乡、勐约乡、护国乡，重点扶持景颇族、阿昌族，投资计划654万元，其中，中央资金590万元，省配套资金64万元，实际到位资金590万元。主要建设内容为：自然村文化活动室建设4项；自然村道路硬化建设4项。项目于2015年11月16日开工建设，2016年6月全部完工，完成投资590万元。

（3）主要做法和成绩

主要做法：

五年内陇川县扶持人口较少民族发展建设取得很大成绩，在实施过程中也积累了一些经验和好的做法。

第一，加强领导，狠抓落实。扶持人口较少民族发展，是构建和谐社会、建设社会主义新农村、实现各民族共同繁荣发展的重要举措。陇川县委、县政府对此十分重视，始终把扶持人口较少民族发展列入扶贫工作的重要议事日程，作为实现扶贫攻坚目标的骨干措施来抓。一是建立健全领导及管理机构，充实办公室人员，工作有领导分管，专人负责。二是加强领导，加强监督检查。领导小组多次召开项目实施协调会和施工现场会，协调解决项目实施过程中存在和遇到的各种问题，听取项目实施情况汇报，深入施工现场督促检查工作，保证项目按质按量完成，造福广大少数民族群众。

第二，规划先行，突出重点。着眼于全县扶持人口较少民族发展建设工作的总体目标任务，制定了《陇川县扶持人口较少民族发展“十二五”专项建设规划》，作为扶持人口较少民族发展建设工作的行动指南，并将其纳入全县“十二五”规划，按年度建设计划，突出人口较少民族聚居村寨急需重点解决的项目，确保人口较少民族群众需求。

第三，严格制度，强化管理。陇川地处边疆，经济社会发展落后，贫困面广、贫困程度深。项目来之不易，如何发挥投资效益，以点带面、解决贫困，成了扶持较少民族发展项目建设管理的重中之重。根据《云南省发展和改革委员会关于扶持人口较少民族发展专项建设实施工作方案的通知》中的相关要求，结合当地实际情况，陇川县制定出台了《陇川县扶持人口较少民族发展项目建设管理暂行办法》，严格制度，强化资金、项目管理措施，规范管理行为。

第四，坚持群众利益为根本。从实施扶持人口较少民族发展项目建设以来，陇川县始终把提高群众的生活水平、改善群众生产生活条件为根本出发点和落脚点，为群众办实事、办好事，不搞形象工程，把扶持资金投入使用到改善民生的重要项目上，注重发挥资金效益，使边疆人口较少民族群众得到了实惠，赢得了人口较少民族群众的支持。

取得的成绩：

陇川县是景颇族、阿昌族两个人口较少民族主要聚居县，自实施扶持人口较少民族建设以来，在国家和省、州的大力支持和帮助下，以规划为导向，调整完善项目建设，人口较少民族群众聚居村寨基础设施不断完善，生产生活条件得到改善，人口较少民族群众收入不断增长，实施项目乡镇的经济社会发展取得了显著成效。

一是基础设施不断完善，村寨面貌逐步改观。2011—2015年的扶持人口较少民族发展专项建设规划，重点以基础设施建设为主，通过前四年项目的实施，完成了通自然村公路建设里程20.26千米；完成自然村村内道路10.78千米，硬化道路面积38468平方米；建盖文化活动室20幢2125.22平方米，混凝土场地面积4400平方米；建设灌溉沟渠34条，全长46.21千米，改善灌溉面积21078亩，支砌挡墙175米，盖板330米。项目的实施使人口较少民族聚居地区的农业生产、群众居住环境和生产生活得到明显改善，新农村面貌初步显现。

二是人口较少民族群众收入快速增长。“十二五”期间，陇川县抓住桥头堡黄金口岸和瑞丽国家重点开发开放试验区建设机遇，推进扶持人口较少民族发展、兴边富民工程、整村推进、扶贫开发等项目建设，加快农村产业发展，农村经济得到长足发展，2011—2015年，全县农村常住居民人均可支配收入从2011年的3433元增长到2015年的7284元，农民收入快速增长，群众得到了实惠，人口较少民族聚居地区呈现出生产发展、生活改善、民族团结、社会和谐的良好局面。

三是群众文化生活日趋丰富。在民族居住村寨建设文化活动场所，按不同民族风格进行设计，在式样上让不同的人口较少民族群众满意，通过对人口较少民族聚居村寨文化活动设施的建设，方便了群众文娱活动和村务活动的开展，丰富了群众生活，产生了良好的社会效益。

四是边疆和谐稳定，各民族更加团结。通过对人口较少民族聚居地区农田水利灌溉沟渠、文化阵地、通村道路和村内道路等设施的建设，人口较少民族地区的生产生活条件不断改善，文化生活日趋丰富，民族宗教事务管理不断得到加强，平等、团结、互助、和谐的社会主义新型民族关系得到进一步巩固和发展。

（4）存在的问题

一是省级财政困难，配套资金难落实。陇川县扶持人口较少民族发展项目建设得到了国家的大力支持， 但2013—2015年省级配套资金没有到位，增加了人口较少民族聚居县的财政压力。

二是建设成本上涨，投资压力加大。扶持人口较少民族发展建设项目基本上按规划来实施，规划编制年份为2011年初，在这五年间，建筑业人工工资、建筑材料价格等上涨较快，以项目计划投资额度，难以完成规划建设内容。

三是项目实施地多在山区，建设面临双重压力。陇川县新纳入“十二五”人口较少民族扶持的为景颇族，由于景颇族聚居地在山区，在原来人工工资、建筑材料价格等上涨的压力下，又增加建设运输成本上升的压力。以运输建筑材料沙子举例，在坝区每立方米价格在30多元，运到山区价格则在每立方米80元，建设压力加大。

四是投资金额有限，建设项目需求大。根据《云南省扶持人口较少民族发展“十二五”专项建设规划（2011—2015年）》，每个人口较少民族聚居村安排的资金额度在250万元左右，也只能解决部分困难和问题，由于历年来各级各部门对景颇族扶持投入较少，现实需要解决的困难较多，村寨之间项目安排不平衡，导致群众对政府意见较大。

### （三）西南地区人口较少民族扶持成效

通过第一轮（“十一五”期间）和第二轮（“十二五”期间）强有力的扶持，西南地区13个人口较少民族初步实现了经济发展大跨越、基础设施大夯实、人居环境大改善、社会事业大改观、特色产业大发展和素质能力大提升的“六大变化”，达到了预期目的，取得了预期成效，为“十三五”期间开展精准脱贫打下了坚实基础。

#### 1. 经济发展大跨越

2005—2015年的10年时间里，扶持人口较少民族发展项目的实施，使人口较少民族的经济均得到了跨越式发展，同时也辐射带动了周边地区经济社会的发展，产生了良好的溢出效应。例如，截至2013年，“云南省395个人口较少民族聚居建制村农民人均纯收入达3782元，比2010年增加了64.9%；人均有粮480公斤，比2010年增加了18.2%。教育、文化、卫生、新农合、新农保等民生保障水平进一步得到提高”①。广西3个人口较少民族所在的东兴市、罗城仫佬族自治县和环江毛南族自治县在“十二五”期间均取得骄人成绩，详见专栏3。

→ 专栏 3

### 广西人口较少民族所在县（市）“十二五”期间经济增长情况

2010—2015年，东兴市地区生产总值从45.12亿元增长到93.21亿

① 张帆、徐元锋、杨文明：《决不让一个兄弟民族掉队　决不让一个民族地区落伍　云南帮扶人口较少民族跨越发展》，《人民日报》2014年9月21日，第7版。

元，年均增长21.3%；财政收入从6.04亿元增长到13.7亿元，年均增长25.36%。罗城仫佬族自治县2010年地区生产总值31.03亿元，2015年增长到40.62亿元，年均增长6.2%。环江毛南族自治县2010年地区生产总值为30.2亿元，2015年增长到45.4亿元，年均增长10.1%。

### 2. 基础设施大夯实

基础设施建设是推动贫困地区发展的坚实保障，在扶持人口较少民族过程中，西南各地坚持把交通、水利等重大基础设施建设作为民族地区发展和脱贫攻坚的先导性工程，创新基础设施建设模式，推进以交通为代表的基础设施网络建设，着力突破人口较少民族地区基础设施瓶颈的制约，筑牢发展之基，通过“十一五”和“十二五”十年时间的着力突破，西南人口较少民族地区的交通、农田水利、电力、通信与物流等基础设施有了根本性的改变，为“十三五”开展精准脱贫奠定了基础。例如，2014年4月高黎贡山隧道正式通车，这标志着独龙族聚居区彻底结束了每年有半年大雪封山期、不通程控电话、不通宽带网络、不通移动4G网络的历史，在此期间，独龙江乡的基础设施建设取得了历史性突破，详见专栏4。这期间还有一个代表性的工程是“随着国家投资9.5亿元、全长117千米的‘墨脱公路’于2013年10月31日正式通车，标志着被称为‘高原孤岛’的门巴族、珞巴族较为集中的墨脱县摆脱了‘全国唯一不通公路县’的历史”①。

→ 专栏 4

### “十一五”和“十二五”期间独龙江基础设施建设情况

全乡6个村委会26个自然村全部实现通车、通电、通电话、通广播电视、通安全饮水。独龙族第一次有了纵贯南北、覆盖全乡的电力、通信网络，第一次有了方便快捷的金融服务网点，极大地促进

① 朱玉福、伍淑花：《西藏实行民族区域自治50年的生动实践：人口较少民族的发展进步——兼论门巴族、珞巴族扶持效果》，《西藏民族大学学报（哲学社会科学版）》2015年第5期，第11页。

了独龙族生产力的发展。独龙江乡孔当村已建成了一个集观光、科考、探险、旅游的独具特色的边境旅游小集镇。通过帮扶工作，独龙江乡已成为全县当之无愧的、最漂亮的乡镇，也是云南省最有特色、最有魅力的乡镇之一。

---

### 3. 人居环境大改善

由于经济、历史及自然地理条件等多因素叠加，大多数人口较少民族过去的住房极为简陋，不少群众居住在漏雨透风不安全的茅草房或危房中，经过两轮扶持，这些民族的人居环境得到了改善。昔日简陋的茅草房、木板房、蔑笆房已被水电入户、卫生整洁、广播电视设施齐全的框架结构安居房取代。一座座整齐有序、村容整洁、生产发展的民族新村落拔地而起，“破、旧、脏、乱”的农村形象已一去不复返。

例如，独龙江乡已成为贡山县安居工程建设的典范和旅游观光的一张新“名片”。截至2014年末，全族共建设完成并入住框架结构安居房1068户，其中建筑面积超过80平方米以上的旅游型安居户323户，独龙族人均住房面积由2009年6平方米增加到20平方米以上。全族26个自然村（聚居点）全面建设完成村内道路、村民文化活动室、篮球场、人畜饮水工程、排污沟渠、垃圾处理设施、公厕、洗澡室等公益基础设施。

### 4. 社会事业大改观

经过两轮扶持，伴随着西南地区13个人口较少民族的教育、卫生、文化和社会保障等一大批民生项目的建成使用、教育医疗卫生队伍建设的加强，这些民族入学难、就医难、老无所养的困难逐步解决。以独龙族为例，截至2014年末，独龙族小学生入学率、巩固率和升学率连续五年均保持100%，全族人均受教育年限5年，较2009年末提高了0.3年；学校教职工人数73人，较2009年增加8人，在校生569名，学校教育用房建筑面积达8500平方米，较2009年末增加6000多平方米；独龙族有了第一个女硕士研究生。在医疗和文化方面也取得了巨大进步，详见专栏5。

→ 专栏 5

## 独龙江医疗与文化发展情况

2014年，全乡共有医技人员21名，较2009年末持平；医疗卫生用房建筑面积2679平方米，比2009年末增加1500平方米；病床20床，较2009年新增10个床位；配备齐全了彩超、X光机、手术台、洗胃机、心电护理仪、多功能麻醉机等乡镇卫生院必备的医疗卫生器材设备。文化事业方面，新建了第一座独龙族博物馆、1座乡文化站、2座占地面积4500平方米的群众性文体活动广场、26个村民文化活动室、26个篮球场；组建了6支农民文艺演出队，独龙族歌手第一次在全国性比赛中获得冠军并参加了2013年春晚演出；社会保障方面，农村低保实现全族覆盖，有了第一个敬老院，共33名独龙族孤寡老人得到集中供养。

---

总之，在这十年间，在“扶持人口较少民族”政策的大力扶持下，西南地区人口较少民族社会民生各项事业取得了长足进步。教育事业、医疗卫生、文化发展、体育活动场地等基础设施的不断完善为人口较少民族群众带来了良好的生活状态。

**5. 特色产业大发展**

特色产业是加快人口较少民族地区经济发展的重要渠道，在两轮扶持人口较少民族过程中，西南地区各地立足自身资源禀赋，坚持因地制宜，狠抓特色产业，做好“种、养、贸、游、工”等文章，并投入大量人力、物力、财力推进扶贫产业发展，从各层面引进产业龙头企业，逐步形成多元化产业发展格局，以实现对农村贫困人口持续稳定增收致富，推动民族经济发展更上一个台阶，为精准脱贫打下坚实基础。例如，独龙族的草果、重楼、独龙蜂、独龙牛、独龙原鸡等特色种养产业初具规模，让独龙族同胞有了增收致富产业。孔当村旅游集镇、民族文化旅游特色村、观景台等一批旅游基础设施项目的建成，为独龙江打造4A级景区奠定了坚实的基础。

人口较少民族由于地处偏远，长期与世隔离，与外族交流较少，这使其传统文化得以完整保留，在“异文化旅行”“异文化体验”相当流行的当下其就显得很有经济价值，因而通过发展文化来促进发展是西南人口较少民族地区一个普遍做法。例如，西藏利用国家级非遗门巴戏、门巴拔羌姆和自治区级非遗门巴阿吉拉姆、门巴萨玛酒歌等民族文化，打造仓央嘉措情歌旅游文化节，门巴戏、门巴萨玛酒歌演出、门巴木碗竹编等文化产业，这些文化产业与精准扶贫有机结合，产生了积极的推动作用[①]。

**6. 素质能力大提升**

针对人口较少民族社会发育程度不高、人口素质偏低的状况，在两轮扶持人口较少民族过程中，西南各地均注重提高这些民族的人口素质与自我发展能力。云南省按照“立足当前改变一代人，着眼长远培养一代人”的思路，在省级继续举办人口较少民族大中专班和高中班，在人口较少民族聚居村大力举办农村实用技术、农村劳动力技能培训等，不断提高人口素质，进一步增强自我发展能力[②]。因此在十年时间里，这些民族移风易俗蔚然成风，文明生活方式进入千家万户，群众思想从封闭、保守、落后走向开放、包容、发展、求富。例如，独龙族农村剩余劳动力转移步伐加快，独龙族全族劳动者从传统农业生产转向从事其他产业和工种方面出现了零的突破，并有了质和量的飞跃。截至2014年末，独龙族农村从业人员中从事旅游和餐饮服务的达45人、从事车辆运输120人、外出务工250人、从事加工业10人、个体经商300人、手工艺品制作56人，占到了独龙族劳动力总数的35%以上。

另外，在扶持过程中，这些人口较少民族的基层组织和群众自我发展、自我管理、自我教育能力全面增强。通过落实群众在帮扶工作中的主体地位，充分发挥基层组织的战斗堡垒作用和党员的模范带头作用，广泛推行村务公开、公示，极大地激发了村级组织、各族同胞投身参与帮扶工作的热情，村级组织和群众的自我管理、自我教育、自我发展能力得到全面增

---

① 朱玉福、伍淑花：《人口较少民族精准扶贫须走特色经济之路——以西藏人口较少民族门巴族、珞巴族为例》，《广西民族研究》2018年第5期，第115页。

② 刘扬：《云南人口较少民族扶贫问题研究》，昆明理工大学，硕士论文，2012年。

强，村党组织的堡垒作用得到了充分发挥，党组织战斗力和凝聚力得到进一步增强。

## 三、西南地区人口较少民族实施精准脱贫面临的难题

西南地区13个人口较少民族经过两轮的扶持，人民收入水平得到了提高，生活水平得到了改善，聚居区基本实现了“四通五有三达到”，但由于资金投入有限，难以支撑起长期、持续、稳定的发展需求。另外，各地发展起点不一，在扶持发展过程中不平衡的问题也十分突出，例如，阿昌族聚居的户撒乡2015年全乡农村经济总收入29644万元，比2014年增长20%，农村居民人均纯收入达6667元，同比增长18%；独龙族聚居的独龙江乡2015年全乡农村经济总收入1670万元，比2014年增长25.45%，农民人均纯收入3503元，同比增长38.73%，两个乡的人均纯收入相差近一倍。因此，从总体上看，截至2015年，西南地区仍然存在以下的贫困状况，严重制约“十三五”期间精准脱贫的效果。

### （一）地理条件恶劣，贫困面广、程度深

首先，地理条件恶劣。这13个民族中除了京族处于沿海以外，其余的均处于西南石山岩溶地区、高原高寒山区及热带丘陵地区，自然条件比较恶劣，地势高而陡峭，山地比重大，生态环境脆弱，易产生大面积的水土流失。例如，兰坪白族普米族自治县属于滇西边境地区的内地县，除金顶、通甸有坝子外，其余乡镇地处高寒山区和干热河谷，山地面积占95%，坡度大于25 度的耕地占70%以上，贫困人口主要分布在自然环境恶劣、灾害频繁、基础设施落后、社会服务水平低的大山区、深山区、石山区，且居住分散、综合素质较低、脱贫能力弱。由于受地理环境阻隔，境内居住的普米族、怒族、傈僳族、白族支系拉马人属于“直过民族”，还处于整体贫困之中，居住在澜沧江干热河谷区域的10.3万人口面临生态环境脆弱、自然灾害频发、扶贫成本高昂等问题，整乡贫困、整村贫困和整族贫困现象突出。

其次，贫困面广。由于人均耕地资源相对不足，贫困面广，绝对贫困人

口多。例如，13个民族中人口最多的仫佬族所在的罗城县“十二五”时期全县共有44个贫困村，占行政村（社区）总数的31.2%，截至2014年底，全县尚有贫困人口10.02万人，占全县总人口的26.34%，贫困人口总量排在全广西第10位、全河池市第2位。10.02万尚未脱贫的人口都是居住在边远山区的“硬骨头”。由于基础不牢，农业生产条件差，抵御自然灾害能力弱，农民贫困程度深，缺乏稳定的收入来源，缺乏改善生产生活条件能力，因灾因病致贫现象突出，返贫率高。

最后，贫困程度深。贫困程度深主要体现在基础设施建设严重滞后。例如，2015年笔者在罗城县四把镇棉花村上新屯、下新屯、下岩屯等三个贫困村屯调查中，我们看到这些村屯山大沟深，交通不便，虽然村部到个别屯有砂石路，但路况极差，只有排量大的越野车才能勉强通行。屯与屯之间大部分靠石头路连接，坑坑洼洼，自行车都无法通行，农民出入有些路段必须半走半爬，运送货物须靠肩挑背扛或马驮。适龄儿童上学每天要翻山越岭行走4千米才能到达学校。没有通信网络，手机信号时有时无，与外界联系沟通不畅。水资源严重匮乏，上新屯、下新屯、下岩屯仅靠家庭地头水柜蓄水供水，农民生活用水不安全、不卫生，每逢旱季就要跑到4千米外的地方找水运水。农民现均住在20世纪五六十年代的泥瓦房里，多家房子年久失修，受雨水冲刷，墙面、房梁等受损严重。

### （二）产业发展水平落后，农民缺乏稳定增收渠道

首先，产业类型单一。一方面，由于西南地区人口较少民族多数分布在边境沿线、岩溶地区和高寒山区，自然环境恶劣，产业结构单一，交通信息不便，抗御自然灾害的能力差，严重制约了产业发展，山坝发展差距大，发展不平衡。由于产业发展支撑体系的缺失，与农民增收直接相关的地方特色产业规模小、开发深度不足，缺乏具有明显区域特色的产业园区和大企业、大基地，贫困群众缺少创业平台，抵御自然和市场风险能力弱。另一方面，产业一般以传统的玉米、茶业、水稻等农作物种植及养殖少量的猪、牛、家禽等为主，形不成规模。贫困人口多居住在偏远的大石山区，这些耕地大部分是山地，土层瘦薄、基岩裸露，土壤肥力差，贫困户多以单一作物种植为

主，广种薄收，基本无明显增收产业。

其次，产业基础设施薄弱，影响产业快速发展。一是运输不畅。内联路网不完善、技术等级低、养护管理薄弱，农林场通达、通畅建设任务仍然艰巨，加上路况差，对农产品损害很大，物流成本高。二是水、电配套滞后。农业加工企业大多用水、用电量较大，成本投入较高，而发展初期多数企业利润空间相对较小，水、电基础设施的不完善影响了产业的良性发展。三是信息网络不发达。随着信息化的大发展，信息网络在经济社会发展中起到越来越重要的作用，但是网络通信基础设施在人口较少民族地区还相对落后。

再次，产业科技含量低，经济效益不高。群众思想观念滞后导致科学技术运用及推广困难，科技普及率低下。例如，景颇族贫困户主要收入靠种植茶叶、砂仁和橡胶以及养殖。橡胶因为气候和管理技术等原因产生的经济效益不高；砂仁虽然种植面积不小，但由于群众不掌握管理技术，只能靠天吃饭，砂仁产量不高；新型产业坚果，虽然种植面积不小，但由于没有挂果，没有经济效益；养殖业一般都是自给自足。

最后，农业劳动力存在结构性短缺。一方面，农村产业发展缺乏高素质青壮年劳动力支撑，难以满足产业发展对劳动力的需要；另一方面，在发展产业扶贫方面利益联结机制尚不够完善，各市场主体利益共享机制尚待进一步健全，贫困户在产业扶贫中的利益还没有得到充分保证，这反过来让农村劳动力不愿待在农村发展。

### （三）人口较少民族的自我发展能力有待提高

首先，思想观念落后。一是长期的贫困消磨了斗志，丧失了脱贫信心。西南人口较少民族不少贫困群众长期生活在条件恶劣、信息闭塞的山区，因禀赋与自身能力不足等原因让他们失去信心。二是根深蒂固的小农意识，求稳怕变、缺乏进取。贫困地区多为山区，群众以简单种植业、养殖业为生，多处于“饿不死、富不了”的状态，形成以“求稳怕变、缺乏进取”为特征的小农意识。三是责任感缺乏消解致富动力，陋习助长惰性。因教育、技能、收入、住房、沟通能力等方面的弱势，西南人口较少民族贫困地区大龄男性未婚问题突出。长期成家困难使他们缺乏家庭责任感，消解了勤劳致富动力。而山区普遍存在的“一日三餐酒中过”“帮扶补贴换酒喝”等陋习，进一步助长惰性。四是封闭环境缺乏正向刺激，对贫困存在认知偏差。因长期与外界相对隔绝，两类认知偏差在贫困群众中一定范围存在。一类将贫困原因简单归结为“没有条件”“我穷我有理”；另一类不认为自己贫困，甚至抵触“被改善了的生活方式”。这两类认知都影响其脱贫动力。

其次，社交能力弱。由于长期身居边缘社会，这些民族和外界接触较少，不会计划生产生活，这些人口较少民族的自我发展能力表现出自我认知能力和学习能力较弱，缺乏改善自身经济利益的能力、与外部世界有效沟通的能力、适应环境变化及应对变革的能力、增收脱贫能力得问题[①]。加上落后的生产生活方式根深蒂固，接受新技术、新信息渠道少，思想观念和技术技能与现实社会有很大差距，群众的社交能力偏低。

最后，劳动力素质偏低。许多民族沿袭村内近亲通婚，加上医疗卫生条件差，身体条件差，劳动能力弱。受基础文化低的影响，虽然举办了较多的科技培训和行业技能培训，但大部分群众对实用技术的掌握有限，外出务工多数从事体力工作，劳务输出的收益极为低下。另外，存在精神文化空虚现象，由于条件所限，这些民族普遍存在看电影难、看戏难、脱贫难等问题，导致封建迷信、赌博等现象蔓延，治安案件、刑事案件等相对多一些。加上这些民族跨国而居现象普遍，边境线上无天然屏障，边境一线深受毒品、艾滋病的危害比较严重。

### （四）公共服务水平低，生活方式相对落后

首先，生活条件差。因生活在较偏远的山区，就医难、上学难、行路难、住房难、增收难等问题普遍存在。聚居区中小学校舍及教学设施较破旧，师资力量薄弱，因家庭困难及家长思想认识不高，学生辍学的情况时有发生，整体公共服务水平低。

其次，基础设施发展滞后。“十三五”前大多数人口较少民族自治县境内无高速、无铁路、无航运。县境内公路技术等级普遍偏低，道路晴通雨阻

---

① 韩斌：《人口较少民族自我发展能力现状与提升路径》，《学术探索》2014年第3期，第46页。

的现象比较突出，严重影响农业生产的发展。例如，基诺族多数自然村地处边远山区，交通闭塞，信息不畅，科技、文化、生产力低，教育、医疗卫生、居住条件差，经济不发达。2015年，基诺乡438户贫困户中，住房困难的有182户，因交通落后的有18户；致贫原因中：因病115户，因残疾54户，因灾9户；文化素质普遍偏低，文盲57人；信息来源主要是电视，有些村小组还没有通网络，甚至没有电视；医疗卫生条件比较差，居住的基本是砖木房，基诺乡贫困人口致贫因素见图2-2。

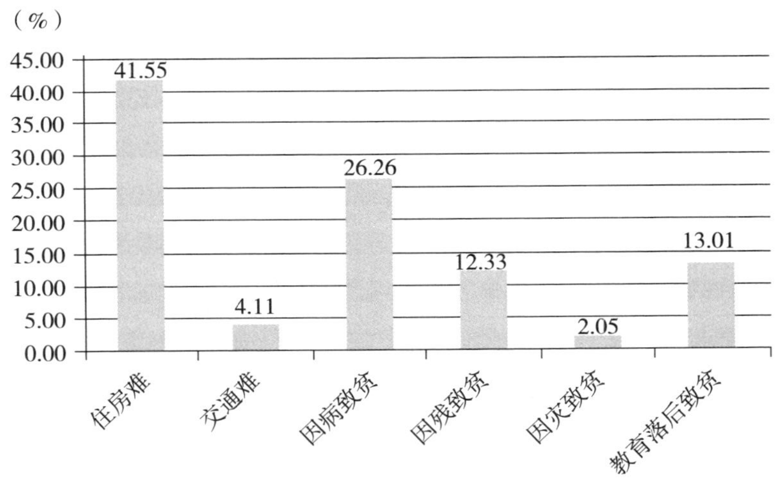


图2-2　基诺乡贫困人口致贫因素分解

第三章

# “四个基本”：西南地区人口较少民族推进精准脱贫的实践探索

在“十一五”和“十二五”时期扶持人口较少民族的实践中，西南地区坚持整村推进、连片开发和扶贫移民，使扶贫资源和要素更加集聚，扶贫开发的重点更加突出，广大贫困群众投身新一轮扶贫开发的积极性更加高涨。“十三五”时期是全面建成小康社会、实现第一个百年奋斗目标的决胜阶段。习近平总书记指出：“脱贫攻坚已经到了啃硬骨头、攻坚拔寨的冲刺阶段，所面对的都是贫中之贫、困中之困，采用常规思路和办法、按部就班推进难以完成任务，必须以更大的决心、更明确的思路、更精准的举措、超常规的力度，众志成城实现脱贫攻坚目标。”[①] 这期间，为推进我国民族地区脱贫攻坚工作，党中央出台《“十三五”促进民族地区和人口较少民族发展规划》，这是促进少数民族和民族地区全面建成小康社会的行动纲领，也是西南地区推进人口较少民族精准脱贫的行动纲领。本章主要分析“十三五”期间西南地区人口较少民族开展精准脱贫的实践探索。

## 一、基本思路：以精准脱贫统领大局，谋划全面建成小康社会

在决胜期，中共中央、国务院出台《中共中央 国务院关于打赢脱贫攻坚战的决定》，成为脱贫攻坚的纲领性文件，其中明确提出要实行“中央统筹、省负总责、市县抓落实”的工作机制，这一时期西南人口较少民族地区与其他各地一样向党中央看齐，严格按照中央、省（区）、市（州）脱贫攻坚决策部署，聚焦“两不愁三保障”“五个一批”“六个精准”，在精准施策上出实招，在精准推进上下实功，在精准落地上见实效，切实做到真扶贫、扶真贫、真脱贫。

---

① 中共中央党史和文献研究院：《习近平扶贫论述摘编》，中央文献出版社2018年版，第16页。

### （一）强化以学为先，提高政治站位

一是各地始终把学习作为打赢脱贫攻坚战的前提和保障，结合推进“两学一做”“不忘初心，牢记使命”学习教育常态化制度化，坚持各级常委会带头学、党委全会带动学、组织专题培训深入学、建章立制保证学、带动基层广泛学的“五学”方式，认真学习习近平关于扶贫工作重要论述和国家、省（区）、市（州）扶贫开发各项方针政策，确保扶贫精神在基层学习、宣传、运用、落实“四到位”，使本地脱贫攻坚始终沿着正确方向推进。

二是党政“一把手”同责共担亲自抓。各级书记和县（市）、镇（乡）长同任各级脱贫攻坚领导小组组长，把脱贫攻坚任务抓在手上、责任扛在肩上、目标装在心上，做到涉及脱贫攻坚全局工作的会议亲自主持、政策亲自研究、工作推进亲自督查，确保上级扶贫脱贫工作决策部署第一时间传达、工作推进情况第一时间听取、困难问题第一时间解决。

三是组建强有力的工作机构。各县根据工作需要及时成立县脱贫攻坚指挥部，并由县委专职副书记和分管扶贫工作的常务副县长分任正副指挥长，下设政策宣传、资金管理、项目实施、专项督查等工作专班。

### （二）优化顶层设计，强化政策落地

一是工作安排部署方面，2015年以来，各地先后多次召开党代会、党委全会、“两会”、党委常委会、政府常务会、扶贫开发工作领导小组会等各项会议，对脱贫攻坚任务进行安排部署，明确了脱贫攻坚总揽全局的发展路径，确定了决胜期内实现贫困县摘帽、巩固提升脱贫摘帽成果及2020年全面建成小康社会的总目标，部署了产业培育、转移就业、安全稳固住房、教育扶贫和人口较少民族、直过民族素质提升、健康扶贫、生态补偿、社会保障、社会帮扶、金融扶贫、基础设施改善等重点攻坚任务。9个人口较少民族地区还深入开展了脱贫攻坚与毒品整治工作。

二是责任体系建设方面，按照“中央统筹、省负总责、县抓落实”要求，层层压实各级领导责任，各人口较少民族所在地县委书记分别与县级领导、乡镇党委书记和县直部门负责人签订脱贫攻坚责任书、军令状，并严格实行“一把手”负总责的限期脱贫责任制，形成上下贯通、横向到边、纵向

到底的责任体系。

三是政策完善制定方面，严格按照扶贫政策，不断完善各自脱贫攻坚方案、规划和相关配套措施。例如，广西出台了《广西壮族自治区人民政府关于贯彻落实国家“十三五”促进民族地区和人口较少民族发展规划的实施意见》，西双版纳勐海县编制《勐海县关于举全县之力打赢脱贫攻坚战的实施意见》《勐海县脱贫攻坚“十三五”规划》《勐海县布朗族精准脱贫攻坚实施方案（2016—2020年）》《勐海县景颇族精准脱贫攻坚实施方案（2016—2020年）》《布朗山乡脱贫攻坚实施方案》《章家四队村民小组布朗族精准脱贫攻坚试点方案》等，构建了以“人口较少民族”脱贫为重点、若干脱贫方案相辅的脱贫规划体系，为确保脱贫攻坚工作成效提供有力的政策支撑。

**（三）谋划县域整体发展，确保脱贫可持续**

一是坚持“区域发展带动扶贫开发，扶贫开发促进区域发展”的基本思路，重视优化发展环境，始终坚持一手抓硬环境建设，一手抓软环境治理。

二是进行了产业结构调整、农业供给侧结构性改革，大力推进科技与产业、工业与农业、服务业与城镇化融合发展。强化“三农”工作基础地位，夯实农业基础，实施农业综合开发、农田综合整治、城增村减等重大项目，提升传统产业和培育新兴产业，推动农业合作化、规模化、品牌化建设。

三是不断改善农村生产生活条件，扎实推进整乡整村发展，深入实施农村“五通”、解“五难”等惠民工程。加大抓项目的力度，全面推进基础设施建设，为县域经济发展夯实基础。

四是不断深化改革扩大开放，积极推进农村综合改革。全面实施责任政府、阳光政府、法制政府、效能政府等制度，政府职能转变继续加快。

五是加大社会管理力度，深入开展群众性精神文明创建活动，加强推进国防后备力量建设和增强边境管控能力，不断健全社会矛盾化解机制，公共危机应急机制和救援体系和社会治安综合治理防控体系，为县域经济社会发展保驾护航。

## 二、基本要求：聚焦脱贫实效，落实“六个精准”

习近平总书记说过：“扶贫开发推进到今天这样的程度，贵在精准，重在精准，成败之举在于精准。搞大水漫灌、走马观花、大而化之、手榴弹炸跳蚤不行。要做到‘六个精准’，即扶持对象精准、项目安排精准、资金使用精准、措施到户精准、因村派人（第一书记）精准、脱贫成效精准。”① 西南人口较少民族地区以习近平总书记精准扶贫精准脱贫方略为指导，坚持“六个精准”，在精准识别、精准帮扶、精准脱贫上下足“绣花”功夫，按照因地制宜、因村因户因人施策要求，对症下药、精准滴灌、靶向治疗、分类施策，真正解决贫困群众“两不愁三保障”，实现精准脱贫。

### （一）抓实动态管理工作，做到扶贫对象精准

一是全面摸清贫情。在建档立卡动态管理之前，各地结合本地实际情况开展全覆盖的前期摸排工作，提前分析研判贫情，锁定重点对象，为精准识别、精准脱贫打下基础。

二是坚持标准和程序。强化政策培训，统一思想和要求，以“两不愁三保障”为标准，按照“应纳尽纳”“应退尽退”“应扶尽扶”的原则，不搞“一刀切”，不贴“标签”，严格执行贫情分析、实地查看、数据复核、多次评议、公示公开等程序，完整记录每个环节，做到过程、结果可追溯、可查询。

三是组建动态管理工作队。各地组建由县、乡（镇）领导干部和驻村工作队队员担任队长，各村组干部任副队长，各村小组干部、党员代表、村民代表为成员的贫困对象动态管理工作队，每支动态管理工作队队员必须由不担任任何职务的一般党员和村民代表组成，实现村小组工作队全覆盖，切实做到充分发动群众参与、把建档立卡户识别权交给群众。

四是不断整改校正。各地建立县、乡、村、组四级监督举报机制，及时受理群众举报及意见。认真开展建档立卡“回头看”“找问题、补短板、促

① 中共中央党史和文献研究院：《习近平扶贫论述摘编》，中央文献出版社2018年版，第58页。

攻坚”专项行动、“百日行动”、年度动态管理等工作，不断科学扶贫，做到信息准确、不错不漏、能进能出。例如，在推进精准脱贫中，云南省德宏傣族景颇族自治州芒市三台乡德昂族乡勐丹村（以德昂族为主）在开展“脱贫攻坚‘找问题、补短板、促攻坚’专项行动”的过程中，结合实际，着力查找和整改精准识别、精准帮扶、精准退出方面存在的问题，使扶贫对象更精准。详见专栏6。

→ 专栏 6

## 勐丹村整改精准识别、精准帮扶、精准退出情况

1. 错评户。经核查，勐丹村2016年未脱贫31户105人，不存在有财政供养人员或村委会干部、经商办企业、个体工商户、有享受型车辆、有商品房的情况，无错评户。

整改措施：认真梳理核实是否存在错评的人员，对2016年脱贫户及未脱贫的建档立卡贫困户进行逐一核实，有以下原因之一的即为错评户。一是针对建档立卡贫困户中存在有财政供养人员或村委会干部、有商品房、有享受型车辆、有经商办企业的情况，取消其建档立卡贫困户资格，并在全国扶贫开发信息系统中进行整户删除。二是针对建档立卡贫困户中有个体工商户的情况，属于帮扶措施的，需做好相关说明材料，并在帮扶措施中进行体现，给予保留其建档立卡户资格。三是对经营规模大、经营范围广、有固定收入的商户取消其建档立卡贫困户资格，并在国务院扶贫开发信息系统中进行整户删除。

2. 卡外贫困户。核查勐丹村非建档立卡贫困144户595人“两不愁三保障”不达标情况，共有41户153人为漏评户，主要由于人均纯收入低于2952元及住房不达标。

整改措施：卡外贫困户的摸底调查不作大范围的政策宣传，不启动贫困户建档立卡程序，由村组织村组干部按照建档立卡户评定

标准对农户进行调查核实。待省、州、市、乡出台相关政策后予以帮扶。

3. 错退户。2014年、2015年勐丹村共退出17户，经核查，共有5户17人未达到脱贫标准，主要由于住房不达标。

整改措施：认真梳理排查是否存在错退情况，有以上原因之一的即为错退户或返贫户。同时，针对错退户错退原因，制定详细帮扶计划、帮扶措施，在政策、资金、项目、产业发展等方面给予支持帮扶，确保建档立卡贫困户稳定脱贫。

4. 人户不符。勐丹村建档立卡贫困户仍然存在“人户不符”问题，全村48户162人建档立卡户中仍有21户32人没有整户识别。

整改措施：严格按照整户识别要求，对所有建档立卡贫困户及家庭成员进行再调查核实，排查建档立卡贫困户家庭成员未全部纳入贫困对象情况。针对未整户识别的建档立卡贫困户家庭成员要按照动态管理的要求和省、州、市的安排部署多措并举，有效提高贫困人口的识别精准度。通过开展贫困对象动态调整，逐年进行消化。

5. 帮扶措施不精准。2016年，勐丹村实施各类到户帮扶措施主要为发放能繁母猪、仔猪、肉牛、建房补助及各类金融贷款，主要帮扶目的为帮助建档立卡贫困户发展生产，打造长远致富的基础，不存在简单的发钱发物。同时，全国扶贫开发信息系统上勐丹村48户建档立卡贫困户中主要致贫原因中有30户缺资金、17户缺技术、1户交通不便，符合建档立卡贫困户实际，帮扶措施主要为开展各类培训、扶持产业发展及基础设施建设，不存在帮扶措施与致贫原因不对称，因村因户帮扶工作建档立卡贫困户满意度高于90%。

整改措施：对所有建档立贫困户国办系统上的致贫原因和实际致贫原因进行排查核实。突出精准施策，做到因地制宜，因人、因户、因村施策，紧密结合贫困户实际致贫原因，调整制定有针对性的帮扶计划和帮扶措施，采取田地流转、产业扶持、合作经营、劳动力转移就业等综合性措施，确保帮扶措施和致贫原因对称。

---

### （二）抓实扶贫政策落实，做到项目安排精准

一是以实现整体发展为主攻方向，对照贫困村、贫困县退出指标，聚焦制约发展的交通、医疗、教育等薄弱环节，逐年实施脱贫攻坚“十三五”规划项目，做到靶向治疗、有的放矢。

二是提高贫困村整体发展能力。按照贫困村出列“六通四有”标准，实施行政村路面硬化工程、农村安全饮水巩固提升工程、农村电网改造升级工程、“宽带乡村”工程等，修缮新建标准化村卫生室，每个贫困行政村全部实现道路硬化，危险路段有防护措施；全部接通自来水，且饮用水水源有保障；每个行政村建有标准化村卫生室并按要求配备村医和床位；建有达标行政村级活动场所，有篮球场。

三是深入开展“百企帮百村”精准扶贫行动。建立企业挂钩贫困村机制，“公司+农户”“基地+农户”“合作社+农户”等模式得到创新发展。

例如，云南烟草商业系统贯彻落实省委、省政府脱贫攻坚安排部署，为阿昌族帮扶项目明思路、出对策，重点实施烟草、猕猴桃以及养殖业为主的产业扶持；配套机耕路、沟渠及水源工程等基础设施改善生产条件；推进以改善居住条件为目的的民居建设工程；完善教育、卫生事业、文化建设、道路建设、村庄整治、生态建设和科技培训等综合提升工程。项目实施中始终聚焦打造示范村和重点村，统筹兼顾推进村和发展村，以“产业发展、基础设施、安居工程、综合工程”四大工程为重点，按照“一村一品”的原则，集中力量发展优势特色产业，采取“1+1+1”的发展模式发展产业（即每个村重点培育1个优势种植业项目，重点培育1个养殖业项目，重点培育1个专业合作组织），采取宜烟则烟、宜茶则茶、宜猪则猪、宜牛则牛、宜果则果的方式，因地制宜发展产业，把户撒阿昌族乡打造成德宏乃至云南省人口较少民族整乡推进整族帮扶建设示范乡，最终实现建设“幸福阿昌”目标。详见专栏7。

→ 专栏 7

## 云南烟草商业系统通过项目帮扶阿昌族取得成效情况

云南烟草商业系统坚持“政府主导、群众主体、企业帮扶、社会参与”的工作原则，按照“三年规划两年实施”的要求，大力实施“产业增收、基础设施、民居保障、综合推进”四大工程，经过两年的奋战，四大工程帮扶效果显著，得到了阿昌族群众的普遍赞誉，营造了良好的脱贫攻坚社会氛围。

（一）产业发展成为助推脱贫增收的主力

一是烤烟产业帮扶成为阿昌群众增收致富的压舱石。烤烟产业发展是实现脱贫增收的关键措施，自烤烟种植引入户撒以来，群众收入发生了翻天覆地的变化，尤其在2016年和2017年，在全省烤烟计划整体减少的大背景下，云南省烟草专卖局（公司）针对阿昌族帮扶，对户撒阿昌族乡烤烟收购计划不减反增，连续两年分别增加烤烟收购计划1.5万担、0.88万担，充分保障了建档立卡贫困户和阿昌群众的烤烟种植计划需求。

二是非烟产业帮扶为阿昌群众增收致富增添新动力。非烟产业对口帮扶是云南烟草商业系统制定的又一重大帮扶举措，云南烟草商业明确了“产业扶持+智力支持+劳务输出”的帮扶工作思路，由11个直属单位直接对口帮扶11个村的非烟产业发展。各直属单位坚持“因地制宜、精准施策”的工作原则，充分尊重广大群众的发展意愿，充分依托各村寨在优质水稻、红心猕猴桃、甜脆苞谷、草果、养牛、养猪等方面的产业优势和自然条件，采取“1+1+1”的发展模式，制定“一村一案”非烟产业帮扶工作方案，以完善基础设施为基础，以开展技术培训为保障，以长短期受益产业相结合，推进非烟产业帮扶工作规范有序发展。

（二）基础设施建设推进农田水利设施实现蜕变

几年间，阿昌族帮扶工作着力在基本农田设施完善上下功夫，着重突出农田设施建设润民心，全面改善人民的生产条件。户撒坝子雨季、旱季分明，灌溉防洪设施很重要，香料烟公司按照云南省烟草专卖局（公司）安排部署重点开展以烟水工程、机耕路、土地整治、水源工程为重点的基础设施配套，改善烟叶生产基础设施条件，解决农田灌溉问题。通过建设，整个户撒坝子农田基本实现路相通、渠相连、旱能灌、涝能排的现代农田生产体系，全面改变了农民的生产作业方式，也大大提高了农业生产质量水平。

### （三）突出民居建设实现阿昌群众安居有保障

牢牢抓紧以民居、新村为展现点的民居保障建设，既改善居住条件，又保留“三房一灶壁、青砖灰瓦金腰带”的民居风格特色，打造户早来细示范村和潘乐芒旦、芒孔示范村，以及芒板搬迁点的整体推进，实施村内、村乡道路、村庄墙体美化亮化工程，垃圾处理、饮水安全以及人畜分离等工程项目，彻底改变阿昌群众的生活条件。完成示范村及环乡旅游道路沿途民房阿昌金腰带安装，合计长16982米。项目以完善公共基础服务设施、改善人居环境为主要目的，在尊重村落现有格局基础上，突出生态环境和地形风貌保护，强化阿昌族民居文化传统创新与传承，以健全完善综合交通网、供水保障网、排污沟渠网“三网”为主要手段，对村庄整体风貌和民居建设进行规划。通过烟草帮扶项目的实施，新村建设成效不断涌现：一是生产方面，产业结构得到全面调整，种植业、畜牧业实现规模化、集约化、专业化发展，农田整治、农田水利等基础设施大力提升，农业变得更有奔头，农村经济发展后力强劲，农民收入增长迅速。二是生活方面，村内道路和教育、文化、卫生、民居、美化亮化、雨污分流、人饮管网等基础设施建设，村民的生活条件和人居环境得到明显改善，村民生活更加幸福。三是思想素质方面，基层组织和制度建设得到大力加强，寨风民俗、村容村貌明显改观，村寨社会功能、服务功能更加完善，村民群众文化生活更加丰富多彩，使该村变得更具发展活力。

### （四）全力推进综合工程建设提升群众生活水平

在抓好产业发展、基础设施配套和民居保障的基础上，云南烟草商业系统还着力在教育、文化、卫生、环境和旅游等综合工程方面完善配套，全面提升阿昌群众的幸福生活指数。

一是突出文化活动室建设富民心。为了丰富群众日常民族文化生活及传承，同时推进基层党建在脱贫攻坚中的作用，投资852万元建设了25个文化活动室，有效解决群众和党员文化活动场地问题、丰富群众文化生活。

二是突出幸福道路建设暖民心。要致富先修路，开展帮扶工作以来的第一件事就是修路，云南烟草商业系统共投入帮扶资金10442.3万元，实施了8条村村道路、27条村内道路和1条43千米的环乡幸福大道建设，新建公路里程达90千米。全面实现农田机耕路、村内石板路、村乡砖铺路、乡县柏油路的现代化交通网络体系，彻底改变了过去“下雨烂泥塘，晴天尘土扬”的局面，群众出行条件得到了根本性的转变，下地干活都可以驾车到田。

三是配套教育设施提升求学幸福指数。扶贫先扶智，云南省烟草专卖局（公司）从教育设施、教育资金等两方面开展扶持，投入帮扶资金780万元新建了户早示范村幸福小学，已于2016年8月全面完工并投入使用，解决了全村118名小学生就学难的问题。2017年签订教育帮扶专项协议，将继续加大对大学生的资助力度，极大地鼓舞了户撒学子的求学积极性，也达到了教育帮扶的效果。

四是整治村庄环境提升居住幸福指数。彻底改变帮扶前人畜同居、院落环境脏乱差的生活状况，通过实施养殖设施集中建设实现人畜分离，新建民居实现厨卫入户。同时投入烟草援助资金353万元，完成了25个公共厕所、30个垃圾处理箱、2个垃圾焚烧站、90盏路灯、一家一个垃圾处理箱等环境整治项目的建设，还原一个绿色、生态、环保的“佛祖花园”。

五是小集镇改造提升生活幸福指数。围绕打造43千米环乡旅游文化带建设，在推进沿线民居文化墙建设的基础上，进行了户撒小集镇人行道、排水工程、市政道路、路灯及绿化工程改造，投资350万元建设了一个小集镇污水处理厂，改变了过去户撒街脏乱差的局面，如今的户撒街道道路整洁、建筑整齐、管理规范有序，旧貌换新颜。

六是医疗卫生条件完善提升就医幸福指数。从烟草帮扶款中拿出460万元资金用于完善乡卫生院建设，建设面积1507.4平方米的综合楼，改善村民的就医环境，解决村民小病就医难的问题，提升村社干部的工作环境，让村社干部做到踏踏实实为村民服务。

---

### （三）抓实管理监督整合，做到资金精准使用

一是按照扶贫资金管理制度，规范扶贫资金使用管理、项目审批实施等程序；建立资金整合月报、预算执行等机制，进一步提高财政资金配置效率。

二是加强资金整合使用。各地均制定统筹整合使用财政涉农资金管理办法和统筹整合使用方案，加强扶贫项目库建设，增加项目储备。充分发挥县级对到县项目资金整合使用的平台作用，以脱贫成效为导向，按照“大类间”打通、“跨类别使用”的要求，形成“多个渠道引水、一个龙头放水”的扶贫投入新格局。

三是发挥联席会议、扶贫开发督查组、纪检监察机关、审计等部门作用，采取专项督查、随机抽查、跟踪审计、群众满意度测评等方式，对扶贫项目实施、资金使用管理等情况进行跟踪问效。通过扶贫资金管理使用机制的改革，实现了“等安排”到“拿主意”、从“空管道”到“真滴灌”、从“业主”到“监理”的转变。

正是有了严密的监督，各类扶贫资金得到了精准的使用。例如：根据云南省及德宏州的安排，中共德宏州委党校和中国电信芒市分公司对口帮扶三台山德昂族乡邦外村。邦外村位于三台山乡北边，村委会距乡政府8千米，全村有7个村民小组400户1610人，德昂族占95%。在精准脱贫中，这两家帮

扶单位积极协调，引入脱贫帮扶资金，由这两家单位组成的驻村工作队仅在2015—2017年间就引入多个资金项目，对外引入资金共计1340.5万元。第一，发改项目：帕当坝村道路硬化及小坝谭水库建设工程，引入资金590万。第二，扶贫专项项目：建档立卡户发展基金10万，用于扶持邦外群众用于肥猪养殖。第三，残疾发展基金：残疾农户产业扶持资金，共17户，每户0.5万元，共计8.5万元。第四，新农村建设项目：邦外村民族文化广场建设，预计投资100万元。第五，禁毒防艾专项资金项目：邦外村禁毒防艾工作资金2万元。第六，交通项目：其一，上帮到老寨3.2千米路面弹石铺设投入120万元，排水沟投入20万元；其二，建设邦外三社搬迁点到老寨弹石路4.2千米，投入280万元。通过项目资金精准扶持贫困户，切实改善贫困户生活环境，为贫困户提供增收途径。第七，其他基础设施建设投入230万元。

### （四）抓实因户因人施策，做到到户措施精准

各地全面分析建档立卡贫困人口致贫原因，落实“五个一批”工程、危房改造、健康扶贫、转移就业、金融扶贫等政策，对贫困人口进行“精准滴灌”。

一是因户扶持产业发展，对有劳动力且有劳动意愿的实行扶持发展产业全覆盖。各地编制产业发展实施方案，逐户制订产业发展计划，结合市场行情对种养殖项目进行补助，组织开展农业实用技术培训，为贫困群众发展产业提供保障。

二是落实金融扶贫政策，对产业发展积极性高的建档立卡户发放小额扶贫信贷，扶持因缺技术、缺资金、自身发展动力不足等致贫的建档立卡户发展。

三是因人开展技能培训和转移就业，各地编制技能扶贫专项行动实施方案，摸清贫困劳动力底数和培训需求，组织开展职业技能培训、农村劳动力转移就业培训、残疾人就业技能培训、创业创新技能培训等，引导贫困群众就近就地务工，集中组织外出务工，扶持因缺土地、交通条件落后、自身发展动力不足、因残等致贫的贫困人口发展。

四是因人进行教育资助，各地编制加强教育精准扶贫行动实施方案，对

贫困家庭在校子女进行分类资助，动员社会爱心人士对口长期资助贫困家庭学生，减轻因学致贫等建档立卡户教育负担。

五是因人开展健康扶贫，落实健康扶贫政策，各地编制健康扶贫实施方案、农村贫困人口大病专项救治工作实施方案，减轻建档立卡贫困人口就医负担，使贫困人口“看得起病、看得好病、看得上病、更好防病”。

六是因户因人组合施策，对建档立卡户主要致贫原因“精准滴灌”的同时，结合每户建档立卡户次要致贫原因和实际情况，辅以其他政策帮扶，形成精准帮扶“组合套餐”，切实做到因户因人施策。

例如，德宏傣族景颇族自治州陇川县勐约乡广瓦村委温泉小组，距县城30千米，年平均气温21℃，年降水量2056毫米，海拔890米。全村耕地面积956亩，其中，水田266亩、旱地690亩，人均耕地5.6亩；林地面积971亩。适宜种植蚕桑、甘蔗、水稻、核桃等农作物。全村总人口44户172人，95%以上是景颇族，劳动力108人，2015年建档立卡贫困人口19户39人，贫困率高达23%。针对小组内19户贫困户不同情况，当地精准施策，开展帮扶，详见专栏8。

→ 专栏 8

## 陇川县勐约乡广瓦村委温泉小组因户因人施策情况

1. 谭勒旺

（1）基本情况

全家3口人，2男1女，劳动力2人，建档立卡贫困人口2人；有水田5亩、旱地20亩、林地18亩。经济收入以甘蔗为主，每年种植甘蔗12亩，养殖猪6头、牛1头、鸡26只。2014年人均可支配收入2650元。

（2）主要实施内容

2016年，新建安居房1栋，卫生厕所1间，沼气池或节柴灶1个，并结合实际建设猪舍、鸡舍各1间，种植蚕桑10亩、甘蔗7亩，养殖牛3头。

2017年，种植核桃1亩，养殖牛3头、猪9头。

2018年，发展核桃种植1亩，养殖牛4头、猪8头。结合实际发展以经济林果和蔬菜为主的庭院经济。到2018年实现人均可支配收入2.06万元。

（3）包户领导干部：省政府主要领导。

2. 尚勒用

（1）基本情况

全家4口人，2男2女，劳动力3人，建档立卡贫困人口2人；共有水田8亩、旱地18亩、林地24亩。经济收入以甘蔗为主，每年种植甘蔗12亩，养殖牛1头、猪2头、鸡20只。2014年人均可支配收入2694元。

（2）主要实施内容

2016年，新建安居房1栋，卫生厕所1间，沼气池1个。结合实际建设猪舍、鸡舍，发展蚕桑8亩、核桃3亩，养殖牛5头、猪4头。

2017年，养殖牛2头、猪4头，种植蚕桑6亩。

2018年，发展牛4头，种植蚕桑5亩。结合实际发展以经济林果和蔬菜为主的庭院经济。到2018年实现人均可支配收入1.25万元。

（3）包户领导干部：省政府主要领导。

3. 石炮则

（1）基本情况

全家3口人，2男1女，劳动力3人，建档立卡贫困人口2人；共有水田10亩、旱地10亩、林地24亩。经济收入以甘蔗为主，每年种植甘蔗16亩，养殖牛3头、猪2头。2014年人均可支配收入2699元。

（2）主要实施内容

2016年，新建安居房1栋，卫生厕所1间，沼气池1个。结合实际建设猪舍、鸡舍，发展蚕桑6亩、核桃3亩，养殖牛5头、猪6头、鸡40只。

2017年，养殖牛1头。

2018年发展牛4头。结合实际发展以经济林果和蔬菜为主的庭院经济。到2018年实现人均可支配收入1.03万元。

（3）包户领导干部：省政府秘书长。

4. 谭勒南

（1）基本情况

全家5口人，2男3女，劳动力2人，建档立卡贫困人口2人；共有水田3亩、旱地23亩、林地30亩。经济收入以甘蔗为主，每年种植甘蔗13亩，养殖牛1头、猪3头、鸡25只。2014年人均可支配收入2688元。

（2）主要实施内容

2016年，修缮安居房1栋。新建1间卫生厕所、1个沼气池，建设猪舍、鸡舍各1间。2016年发展蚕桑8亩，养殖猪6头、牛3头、鸡40只。

2017年，发展蚕桑12亩；养殖牛2头。

2018年，发展养殖牛3头。结合实际发展以经济林果和蔬菜为主的庭院经济。

到2018年实现人均可支配收入1.36万元。

（3）包户领导干部：李正环（县委书记）。

5. 谭炮韩

（1）基本情况

全家4口人，2男2女，劳动力2人，建档立卡贫困人口2人；共有水田4亩、旱地20亩、林地24亩。经济收入主要以甘蔗为主，每年种植甘蔗12亩、核桃1亩，养殖牛2头。2014年人均可支配收入2697元。

（2）主要实施内容

2016年，新建安居房1栋，卫生厕所1间，沼气池1个。结合实际建设猪舍、鸡舍，发展蚕桑4亩、核桃3亩，养殖牛4头。

2017年，养殖牛2头；种植核桃3亩。

2018年，发展牛4头；种植核桃3亩。结合实际发展以经济林果和蔬菜为主的庭院经济。到2018年实现人均可支配收入0.7万元。

（3）包户领导干部：李正环（县委书记）。

6. 石勒卷

（1）基本情况

全家4口人，3男1女，劳动力2人，建档立卡贫困人口2人；共有水田4亩、旱地24亩、林地24亩。经济收入以甘蔗为主，每年种植甘蔗12亩、核桃0.5亩，养殖猪4头、牛1头。2014年人均可支配收入2690元。

（2）主要实施内容：

2016年，新建安居房1栋、卫生厕所1间，沼气池或节柴灶1个，建设猪舍、鸡舍各1个，发展10亩蚕桑、10亩甘蔗；养殖猪6头、牛2头。

2017年，种植核桃1亩，养殖牛2头。

2018年，种植核桃1亩，养殖牛2头，并结合实际发展以经济林果和蔬菜为主的庭院经济。到2018年实现人均可支配收入1.75万元。

（3）包户领导干部：任祖荣（县委常委、县委办主任）。

7. 石勒干（石干么）

（1）基本情况

全家4口人，3男1女，劳动力4人，建档立卡贫困人口2人；共有水田4亩、旱地10亩、林地24亩。经济收入主要以甘蔗为主，每年种植甘蔗16亩，养殖牛1头、猪2头。2014年人均可支配收入2690元。

（2）主要实施内容

2016年，新建建安居房1栋，卫生厕所1间，沼气池1个。结合实际建设猪舍、鸡舍；发展蚕桑8亩、核桃5亩；养殖牛7头、猪10头、鸡30只。

2017年，养殖牛2头。

2018年，发展牛3头。结合实际发展以经济林果和蔬菜为主的庭院经济。到2018年实现人均可支配收入1万元。

（3）包户领导干部：任祖荣（县委常委、县委办主任）。

8. 董勒腊

（1）基本情况

全家3口人，1男2女，劳动力2人，建档立卡贫困人口2人；共有水田3亩、旱地15亩、林地18亩。经济收入主要以甘蔗为主，每年种植甘蔗11亩，养殖鸡20只。2014年人均可支配收入2680元。

（2）主要实施内容

2016年，新建安居房1栋，卫生厕所1间，沼气池1个。结合实际建设猪舍、鸡舍，发展蚕桑5亩、核桃2亩，养殖牛4头、猪6头。

2017年，养殖3头牛、猪8头，种植蚕桑2亩。

2018年，发展养殖牛3头、猪5头，种植蚕桑3亩。结合实际发展以经济林果和蔬菜为主的庭院经济。到2018年实现人均可支配收入1.66万元。

（3）包户领导干部：丁加田（县机要局局长）。

9. 小石勒堵

（1）基本情况

全家4口人，2男2女，劳动力2人，建档立卡贫困人口2人；共有水田4亩、旱地15亩、林地16亩。经济收入以甘蔗为主，每年种植甘蔗8亩、核桃2亩，养殖牛2头、猪2头。2014年人均可支配收入2600元。

（2）主要实施内容

2016年，修缮安居房1栋，新建卫生厕所1间、沼气池1个。结合实际建设猪舍、鸡舍，发展蚕桑14亩、核桃10亩，养殖牛3头、猪10头、鸡40只。

2017年，发展蚕桑5亩，养殖牛1头。

2018年，发展牛3头。结合实际发展以经济林果和蔬菜为主的庭院经济。到2018年实现人均可支配收入1.5万元。

（3）包户领导干部：李启华（县保密局局长）。

10. 石勒用

（1）基本情况

全家共4口人，3男1女，劳动力2人，建档立卡贫困人口2人。共有水田5亩、旱地20亩、林地18亩。经济收入主要以甘蔗为主，每年种植甘蔗6.5亩，养殖牛1头、猪1头。2014年人均可支配收入2600元。

（2）主要实施内容

2016年，重建安居房1栋；新建1间卫生厕所，1个沼气池。结合实际建设猪舍、鸡舍，发展蚕桑3亩、核桃1亩，养殖牛4头、猪6头、鸡20只。

2017年，发展蚕桑2亩，核桃1亩。

2018年，发展牛3头、种植桑蚕2亩。结合实际发展以经济林果和蔬菜为主的庭院经济。到2018年实现人均可支配收入0.82万元。

（3）包户领导干部：杨荣青（县委办副主任）。

11. 尚勒东

（1）基本情况

全家3口人，2男1女，劳动力2人，建档立卡贫困人口2人。家有水田10亩、旱地18亩、林地18亩。经济收入以甘蔗为主，每年种植甘蔗12亩、核桃0.5亩，养殖猪2头、牛2头。2014年人均可支配收入2690元。

（2）主要实施内容：

2016年，新建安居房1栋，卫生厕所1间，沼气池或节柴灶1个。建设猪舍、鸡舍各1个，发展蚕桑10亩、甘蔗5亩，养殖牛5头。

2017年，发展核桃种植1亩，养殖牛5头、猪4头。

2018年，种植核桃1亩，养殖牛5头、猪4头，并实际发展以经济林果和蔬菜为主的庭院经济。到2018年实现人均可支配收入2.76

万元。

（3）包户领导干部：雷相翁（县委办副主任）。

12. 石干段

（1）基本情况

全家3口人，2男1女，劳动力2人，建档立卡贫困人口2人；共有水田8亩、旱地10亩、林地18亩。经济收入以甘蔗为主，每年种植甘蔗15亩，养殖牛1头。2014年人均可支配收入2680元。

（2）主要实施内容

2016年，修缮安居房1栋，新建卫生厕所1间、沼气池或节柴灶1个，建设猪舍、鸡舍各1间，种植蚕桑10亩、甘蔗5亩；养殖牛4头。

2017年，种植核桃1亩，养殖牛4头、猪3头。

2018年，种植核桃1亩，养殖猪3头，并发展以经济林果和蔬菜为主的庭院经济。到2018年实现人均可支配收入1.56万元。

（3）包户领导干部：凹团（县委办副主任）。

13. 祁锐咪

（1）基本情况

全家4口人，2男2女，劳动力2人，建档立卡贫困人口2人；共有水田9亩、旱地10亩、林地24亩。经济收入以甘蔗为主，每年种植甘蔗16亩，养殖牛1头、猪2头、鸡30只。2014年人均可支配收入2640元。

（2）主要实施内容

2016年，修缮安居房1栋，新建1间卫生厕所、1个沼气池或节柴灶。结合实际建设猪舍、鸡舍，发展蚕桑16亩、甘蔗10亩，养殖牛5头。

2017年，巩固发展已有产业。

2018年，发展养殖牛5头，并结合实际发展以经济林果和蔬菜为主的庭院经济。到2018年实现人均可支配收入0.95万元。

（3）包户领导干部：雷时幸（县委督查室主任）。

14. 大谭勒腊

（1）基本情况

全家5口人，2男3女，劳动力4人，建档立卡贫困人口2人；共有水田6亩、旱地30亩、林地24亩。经济收入以甘蔗为主，每年种植甘蔗13亩、核桃2亩，养殖牛1头、猪2头。2014年人均可支配收入2680元。

（2）主要实施内容

2016年，新建安居房1栋，卫生厕所1间、沼气池1个。结合实际建设猪舍、鸡舍，发展蚕桑5亩、核桃16亩，养殖牛5头、猪4头、鸡40只。

2017年，发展蚕桑5亩，养殖牛1头。

2018年，发展牛2头。结合实际发展以经济林果和蔬菜为主的庭院经济。到2018年人均可支配收入0.8万元。

（3）包户领导干部：王学刚（勐约乡党委书记）。

15. 排果双

（1）基本情况

全家2口人，1男1女，劳动力4人，建档立卡贫困人口2人；共有水田6亩、旱地15亩、林地20亩。经济收入以甘蔗为主，每年种植甘蔗7亩，养殖牛1头。2014年农民人均可支配收入2689元。

（2）主要实施内容

2016年，新建安居房1栋，卫生厕所1间、沼气池1个。结合实际建设猪舍、鸡舍，发展蚕桑5亩，养殖牛5头、猪5头、鸡30只。

2017年，巩固发展已有产业。

2018年，发展牛4头。结合实际发展以经济林果和蔬菜为主的庭院经济。到2018年实现人均可支配收入1.27万元。

（3）包户领导干部：王学刚（勐约乡党委书记）。

16. 郭勒腊

（1）基本情况

全家共3口人，2男1女，劳动力2人，建档立卡贫困人口2人；共有水田10亩、旱地3亩、林地18亩。经济收入主要以甘蔗为主，每年种植甘蔗16亩，养殖牛1头、猪2头、鸡20只。2014年人均可支配收入2689元。

（2）主要实施内容

2016年，重建安居房1栋，新建卫生厕所1间、沼气池或节柴灶1个。结合实际建设猪舍、鸡舍，发展蚕桑10亩、核桃5亩，养殖鸡42只。

2017年，发展蚕桑12亩、核桃5亩，养殖牛1头。

2018年，发展牛1头。结合实际发展以经济林果和蔬菜为主的庭院经济。到2018年实现人均可支配收入1.5万元。

（3）包户领导干部：寸永正（县委办副主任科员）。

17. 石当卷

（1）基本情况

全家4口人，2男2女，劳动力4人，建档立卡贫困人口2人；共有水田5亩、旱地20亩、林地24亩。经济收入主要以甘蔗为主，每年种植甘蔗14亩，养殖牛2头、猪2头。2014年人均可支配收入2690元。

（2）主要实施内容

2016年，修缮安居房1栋，新建卫生厕所1间，沼气池或节柴灶1个。结合实际建设猪舍、鸡舍；发展蚕桑10亩、核桃5亩；养殖牛4头、猪4头、鸡45只。

2017年，发展养殖牛2头。

2018年，发展牛3头。结合实际发展以经济林果和蔬菜为主的庭院经济。到2018年实现人均可支配收入1.1万元。

（3）包户领导干部：董学成（勐约乡人民政府副乡长）。

18. 排麻用

（1）基本情况

全家6口人，4男2女，劳动力4人，建档立卡贫困人口3人；共有水田10亩、旱地20亩、林地30亩。经济收入以甘蔗为主，每年种植甘蔗16亩，养殖牛1头、猪4头。2014年人均可支配收入2679元。

（2）主要实施内容

2016年修缮安居房1栋，新建卫生厕所1间、沼气池1个。结合实际建设猪舍、鸡舍；发展蚕桑5亩、核桃10亩，养殖牛3头。

2017年，发展蚕桑5亩、核桃20亩。

2018年，发展牛1头，种植蚕桑10亩。结合实际发展以经济林果和蔬菜为主的庭院经济。到2018年实现人均可支配收入0.62万元。

（3）包户领导干部：李杏宁（勐约乡人民政府干部）。

19. 董勒端

（1）基本情况

全家3口人，1男2女，劳动力3人，建档立卡贫困人口2人；共有水田6亩、旱地15亩、林地25亩。经济收入以甘蔗为主，每年种植甘蔗15亩、核桃2亩，养殖牛1头、猪2头、鸡30只。2014年人均可支配收入2640元。

（2）主要实施内容

2016年，修缮安居房1栋、新建卫生厕所1间，沼气池1个。结合实际建设猪舍、鸡舍，发展蚕桑6亩、甘蔗7亩，养殖猪5头、牛4头。

2017年，发展核桃4亩、蚕桑8亩、甘蔗7亩，养殖牛1头、猪7头。

2018年，发展蚕桑10亩、甘蔗7亩；养殖猪5头、牛5头，并结合实际发展以经济林果和蔬菜为主的庭院经济。到2018年人均可支配收入1.36万元。

（3）包户领导干部：杨生炳（县委办驾驶员）。

---

### （五）抓实驻村扶贫工作，做到因村派人精准

一是选优派强驻村扶贫工作队。各地按照“贫困村每村至少5名工作队员，非贫困村每村至少3名队员”的要求、按照“帮助群众转变思想观念、发展生产、实现脱贫致富”要求开展驻村帮扶活动。

二是严格管理驻村扶贫工作队。落实各级会议制度，及时传达上级会议精神和政策，安排部署具体工作。各地严格执行驻村扶贫工作队管理办法，严格考勤、考核制度。

三是关心驻村扶贫工作队员工作生活，及时落实保障政策，经常走访慰问，帮助解决实际困难。

例如，中共德宏州委党校、中国电信芒市分公司高度重视脱贫攻坚工作，分别召开专题会议研究部署脱贫攻坚工作，保证2017年挂钩村脱贫出列任务如期完成。并成立了由州委党校党委委员、副校长和中国电信芒市分公司总经理任分管领导，选调7名同志（州委党校5名、芒市电信公司2名）为驻村工作队员，2016年选派州委党校党委委员、政法教研室主任任队长、第一书记；2017选派州委党校行政科科长任队长、第一书记，达到“人数多、能力强”的标准。并多次与乡党委、政府及村“两委”人员商议“挂包帮、转走访”、易地扶贫搬迁等工作，研究部署推进脱贫攻坚工作，并不定期召开“挂包帮、转走访”驻村帮扶工作例会，总结安排部署脱贫攻坚相关工作任务，全力推进全村脱贫攻坚工作有序开展。

**（六）抓实激发内生动力，做到脱贫成效精准**

一是解决贫困群众内生动力的精神贫困问题。一方面，开展移风易俗教育，坚决破除陈规陋习，以社会主义核心价值观、中国梦、中华优秀传统文化、感恩祖国感恩党、自强不息等为主题，结合实际制定正能量的村规民约，潜移默化引导贫困群众特别是部分“懒汉”式贫困群体，自觉承担家庭责任、树立良好家风、继承传统美德。另一方面，重视精神“补钙”，变“要我脱贫”为“我要脱贫”。持续开展“自强诚信感恩”主题教育活动，通过加强励志教育，真正把贫困群众摆脱贫困的激情燃烧起来、信心树立起来、思想解放出来，实现主业发展起来。同时注重破除群众自卑心理，增强个人自信，通过驻村工作队和结对帮扶干部“一对一”“面对面”交流，引导群众破除自卑心理，鼓励他们看到自身优势，增强必胜信念，实现从“要我富”“帮我富”向“我要富”“我能富”转变。

二是推动全员参与式扶贫，发挥贫困群众主体作用。首先，提升基层治理能力，选好配强贫困村第一书记、驻村工作队队员和帮扶干部，选好乡村“领头羊”，寻求最佳治理支点；将党的基层组织、村民自治组织和公共服务下沉到村民小组和自然村，完善基层治理体系。其次，让群众广泛参与项目选择和实施，摒弃“统一分配、搞一刀切”的做法，让群众结合个人实际和能力申报项目。对产业开发、易地搬迁、旅游扶贫、电商扶贫等扶贫项目，引导群众以投工投劳等形式，参与到项目实施中。最后，让群众参与项目监督。完善扶贫政策、资金、项目公示制度，明确公示时间、内容、要求，有条件的地方应公开到村民小组和自然村。完善贫困村扶贫义务监督员制度，确保监督员参加村“两委”会议、项目质量监管、报账凭证签字等。

三是完善激励机制，优化扶贫资源配置。一方面，创新财政资金奖补方式，采用生产奖补、劳务补助、以工代赈等方式，将财政奖补资金导向“主动寻求脱贫者”。对于“等靠要”贫困群体，则采取暂缓帮扶。待其思想转化后再行帮扶。另一方面，实施扶志点评工作机制，通过对比点评和示范点评方式，激励贫困群众对标先进、自我加压；通过定期发布红黑榜，让上红榜的人“有劲头”，上黑榜的人“脸红”。

四是每年组织开展好扶贫日活动，动员全社会关心关注、参与扶贫工作。充分利用电视报纸广播等传统媒体、微博微信等新兴媒体、文体活动和宣传栏、文化墙、政策读本等载体宣传脱贫攻坚情况，总结分享经验，讲好脱贫攻坚故事，不断提高群众对扶贫政策的知晓率，不断增强共同参与脱贫攻坚的积极性。

例如，三台山德昂族乡邦外村驻村工作队始终把宣传工作作为脱贫攻坚的一项重要内容，利用不同的会议形式和报刊、微信平台等新老媒体进行宣传；他们以贫困对象精准识别“回头看”等相关工作为契机，组织广大党员干部进村入户，持续加强对脱贫攻坚相关政策措施的宣传讲解；发放《扶贫手册》《扶贫攻坚政策宣传手册》百余份，在村委会及村民小组显眼位置悬挂以脱贫攻坚为主题的布标15条、永久性标语10余条、大型户外广告牌2块，真正做到家喻户晓、人人皆知，进一步凝聚全村干部群众对决胜脱贫攻坚战的强大正能量，营造良好的社会氛围。

## 三、基本路径：分类施策，抓好“五个一批”

西南地区人口较少民族总体上具有区位优势独特、物产资源富饶、民族文化灿烂、旅游资源丰富等资源条件。如何针对自身发展的主要短板和制约，突出重点，整合资源，集中力量实施精准扶贫？习近平总书记说过：“解决好‘怎么扶’的问题。开对了‘药方子’，才能拔掉‘穷根子’。要按照贫困地区和贫困人口的具体情况，实施‘五个一批’工程”[①]，西南各地在学习读懂弄通总书记这一讲话的基础上抓好“五个一批”工程，同时注重社会帮扶，推进人口较少民族高质量脱贫。

### （一）发展产业脱贫一批

2016年4月，习近平总书记在安徽考察时指出：“要脱贫也要致富，产业扶贫至关重要，产业要适应发展需要，因地制宜、创新完善。”同年7月，习近平总书记在宁夏考察时强调，发展产业是实现脱贫的根本之策，把培育产业作为推动脱贫攻坚的根本出路。在推进精准脱贫的过程中，西南人口较少民族地区结合实际，调整经济结构，开发优势资源，发展商品生产，积极培育高原生态农业、民族特色旅游业等产业，推进农村一、二、三产业融合发展，为打赢脱贫攻坚战、全面建成小康社会提供重要支撑。

一是加快产业结构调整。各地严格把关或坚决停止大型矿山、水电开发，加快推进具有民族风情的特色小镇为代表的特色旅游业发展。大力发展以高原为代表的生态农业，按照“宜农则农、宜林则林、宜牧则牧”的要求，加快农业内部结构调整，强化农产品品质、品种、品牌建设，加快推进特色农产品生产加工业培育，推进中药材种植等产业，引导有能力的贫困家庭劳动力外出务工，加快发展产品加工、现代服务、乡村旅游等农村二、三产业，推动农村一、二、三产业融合发展，让农户更多分享农业产业链和价值链增值收益。例如，陇川县结合《云南省人民政府关于加快特色小镇发展的意见》文件精神（该文件鼓励云南省25个世居少数民族原则上各建成1个以

① 中共中央党史和文献研究院：《习近平扶贫论述摘编》，中央文献出版社2018年版，第65页。

上特色小镇），紧抓景颇族民族特色，认真贯彻落实国家和云南省新型城镇化指导方针，以可持续发展为主线，落实党的十八大“五位一体”和“四化同步”的指导思想，把陇川景颇族特色小镇建成民族气息浓厚、产业特色鲜明、服务设施完善、生态环境优美的少数民族特色小镇，详见专栏9。

→ 专栏 9

## 景颇族特色小镇

景颇族特色小镇建设项目立足陇川县勐约乡景颇族民族文化、风貌、风物等民族文化资源特色和优势，坚持民族文化抢救与保护、传承与发展的原则。按照“因地制宜、合理布局、突出特色、重点发展”的原则，采取“政府引导、市场运作、防范风险、滚动发展”的运作模式，紧紧围绕“基础设施明显改善、特色产业较快发展、民族文化有效传承、公共服务逐步完善、民族团结更加巩固”目标进行少数民族特色小镇建设。借势生态，融合农业，以滨湖生态景颇小镇为主题，以景颇文化为底蕴，以高原特色农业和休闲度假产业为支撑，建成宜居、宜养、宜游的少数民族特色小镇。

---

二是推进特色农业与旅游、文体产业深度融合。在推进精准脱贫的进程中，各地注重实现人口较少民族贫困农村农业从生产向生态生活、从物质向精神文化功能拓展。特别是充分利用国家大力支持贫困地区发展的历史机遇，加强统筹规划，把休闲旅游业与现代农业、文化创意产业及美丽乡村、生态文明小康村建设融为一体。注重自然环境、乡土特色、历史风貌保护和传承，开发景区辐射型、古镇村落型、田园风光型、传统民俗型、养生度假型等多类型的乡村旅游村镇，开发特色鲜明、个性突出的乡村旅游产品。例如，广西环江毛南族自治县基于下南乡中南村南昌屯具有浓郁民族特色的条件，对其进行全面改造，借此推进乡村旅游业发展，详见专栏10。

→ 专栏 10

## 环江县下南乡中南村南昌屯改造情况

中南村南昌屯，距下南乡府驻地南部4千米，全屯有3个村民小组，91户352人，以毛南族为主，大部分人都姓谭。全屯耕地面积298亩，以农业为主，主种水稻、玉米，部分种桑养蚕、养殖菜牛及山猪。南昌屯是毛南族发祥地，当年毛南族祖先谭三耀从原籍湖南常德府武陵县几经迁徙来到南昌，安居落户，并与当地人联姻，其后代世世代代从这里繁衍，并逐步发展成为当地名门望族。

南昌屯至今还保留着具有民族传统的建筑风格，一般家庭房子主要是干栏式泥瓦结构和石瓦结构，家境比较好的家庭主要是泥砖建筑，其门窗、门槛、石柱和屋檐上都雕刻有精美的图案，大部分的雕刻融进了本民族的美好传说，还有对生活的美好愿望，蕴含着丰富的寓意。毛南族人民劳作之余喜欢相约玩飞行棋、皇棋、射击棋、老母棋、三点棋、牛角棋、圆棋、侧刀棋等具有民族特色的活动，在南昌屯村口的榕树下、小河边，随处可见人们在玩棋，处处是喜气祥和的景象。

2014年9月，南昌屯被国家民委列为首批“中国少数民族特色村寨”。为保护和传承毛南民族特色，环江县多措并举，围绕以“毛南为主，特色为先，全面为要”的旅游开发思路，全力打造毛南特色村寨，助推经济发展。“十三五”期间，当地以基础设施建设为着眼点，以“毛南村寨印象”为基点，在自治县党委、政府的大力支持推动下，将特色村寨南昌屯纳入“整乡推进”风貌改造项目来抓，联合财政、旅游、扶贫等部门分工协作，整合各项资金，对南昌屯进行70栋民房民族风格立面装修，新建民族文化展示中心，建设屯内石板路、排污、河道整治及美化亮化工程等，改善屯内人居环境、生产生活条件和旅游配套设施。

三是大力发展产业新形态。大力推行“特色农业+”“旅游业+”“电商+”等产业扶贫新模式。实施“互联网+特色农业”，发展信息化特色农业、生态化工业、创意旅游业，加快电子商务项目建设，搭建产品“线上线下”交易平台，利用互联网提升产业生产、经营、管理、服务水平。实现贫困村宽带网络、物流运输全覆盖。推动科技、人文元素融入特色农业与旅游业，探索旅游特色产品个性化定制服务、会展农业、众筹创业等新型业态。加强农业大数据平台建设，应用物联网技术服务大田种植、畜禽养殖、渔业生产，提高农业设施智能化水平。

例如，勐海县是布朗族、景颇族和基诺族的聚居地，粮、糖、茶产业是其传统的优势产业，自脱贫攻坚工作开展以来，勐海县围绕传统产业引领贫困户进行产业的发展，实现贫困户产业发展全覆盖，其主要的做法，详见专栏11。

→ 专栏 11

## 西双版纳傣族自治州勐海县产业扶贫主要做法

一是强化组织机构建设成立产业扶贫工作领导小组。为切实加强全县脱贫攻坚产业发展工作的组织领导，全面推进勐海县脱贫攻坚工作，完成脱贫、增收目标，成立了由分管扶贫工作的副县长担任领导小组组长，县农业和科技局局长、县林业局局长、县扶贫办主任担任副组长，县财政局局长、县农委办主任、县发展改革和工业信息化局局长等部门和11个乡（镇）长为成员的勐海县脱贫攻坚产业发展工作领导小组。领导小组下设办公室在县农业和科技局，办公室主任由县农业和科技局局长兼任，副主任由县林业局局长、县扶贫办主任兼任，工作人员从相关单位抽调，负责全县脱贫攻坚产业发展统筹、部署、组织实施等日常工作。

二是制订全县种植计划和脱贫攻坚产业发展方案。首先，在每年的年初制订全县种植计划，并跟踪落实种植计划完成情况。其次，根据各单位承担的扶贫工作任务和职责，在充分尊重贫困户的意愿，调动贫困户的发展愿望，激发贫困群众的参与性和主动性的基础上，以乡镇为单位收集贫困户拟发展的产业，按各乡镇上报的产业扶贫计划，在县农业和科技局和县扶贫办等部门的共同努力下，认真归纳整理制定每年勐海县脱贫攻坚产业发展实施方案，并认真组织实施。最后，调整变更产业。在扶贫对象动态管理工作结束后，依托勐海县脱贫攻坚产业发展实施方案，对新识别出贫困户、脱贫返贫户进行了产业脱贫和资金扶持；调整变更了产业发展项目，给予产业帮扶。

三是与实际需求相结合全面抓实农村实用技术培训和信息发布。根据贫困户的实际需要，认真开展种养殖业技术和新型农民技能素质培训，通过培训，使每个贫困户有一名农业科技明白人。同时针对贫困群众信息滞后、信息不通的情况，重视“三农通”涉农信息发布，加大农业信息服务力度。

四是依托茶王节全方位展示产业扶贫成果农特产品。依托勐海茶王节，逐年拓展产业扶贫农特产品的销路。相关部门联手共同举办了全县专业合作社参加的农特产品展销会，展销期间销售的茶叶、豆豉、蜂蜜、茶叶等农特产品，深受广大人民群众的喜爱。2018年，第九届勐海（国际）茶王节在勐巴拉雨林小镇主会场设产业扶贫成果农特产品展，有60余家企业、农民合作社和个人参加了产业扶贫成果农特产品展。此次展销产品主要有茶叶、大米、蜂蜜、糖、酒、禽蛋、果蔬、花卉、手工制品和民族文化产品等18大类，共200余种农特产品，均出自各乡镇、农场具有地方特色的代表性农产品。

### （二）易地搬迁脱贫一批

易地搬迁是政策性很强的工作，各地坚持群众自愿原则，积极引导生存环境恶劣和缺乏发展条件的贫困村群众采取多种形式实施扶贫搬迁，并加大政策支持和投入力度，完善配套公共服务设施，把发展特色产业与移民搬迁相结合，切实解决好搬迁户的后续发展问题，确保搬得出、稳得住、能发展、可致富。

一是精准确定搬迁对象。搬迁对象是生活在自然条件严酷、生存环境恶劣、发展条件严重欠缺、“一方水土养不起一方人”的建档立卡贫困人口，以及整村整寨同步搬迁的非建档立卡贫困人口。识别认定后，建档立卡贫困人口录入全国扶贫开发信息系统，同步搬迁人口录入省（自治区）易地扶贫搬迁动态信息管理平台。原址原拆原建、不能通过“挪穷窝”实现“换穷业”的人口，以及工矿塌陷区、工程性强制性搬迁区域、边境一线地区不纳入易地扶贫搬迁范围。在精准确定搬迁对象的基础上，对生存环境差、贫困程度深、地质灾害严重的优先实施搬迁，同时在充分尊重群众意愿基础上，加强宣传引导和组织动员，加大搬迁资金保障，确保符合条件的搬迁群众应搬尽搬。统筹规划同步搬迁人口，合理确定年度搬迁任务。由于这一工作涉及面广、政策性强，很多地方一开始都不同程度存在搬迁对象识别不精准的问题，各地在排查出问题后都进行了整改。

例如，兰坪白族普米族自治县2017年排查出两个问题：一是2016年易地扶贫搬迁省级下达的4508人建档立卡贫困人口中部分未在全国扶贫开发信息系统内精确标注；二是2016年易地扶贫搬迁50个安置点中有不符合易地扶贫搬迁范围的27个安置点1532户5749人（在村落内原址原拆原建）享受了易地扶贫搬迁政策性补助资金。针对这两个不精准，兰坪进行了大规模整改，详见专栏12。

→ 专栏 12

## 兰坪白族普米族自治县整改搬迁对象不精准做法

（一）分析存在问题的原因

1. 由于兰坪县易地扶贫搬迁三年行动计划和2016年易地扶贫搬迁规划在2015年9月编制，所采用的建档立卡贫困人口数据为2014年底全国扶贫开发信息系统数据，后经数次数据动态调整等原因，导致部分易地扶贫搬迁建档立卡贫困人口无法在全国扶贫开发信息系统内标注。

2. 政策混用。将原址原拆原建、简单地“从山上搬到山下”或新的安置区离迁出村寨不过几百米的部分安置点混用了易地扶贫搬迁政策。

（二）整改措施

1. 调整不符合搬迁范围的搬迁对象。经排查，兰坪县不符合易地扶贫搬迁范围的安置点有27个1532户5749人，其中建档立卡贫困人口746户2735人，同步搬迁户786户3014人，涉及项目资金25251.25万元。调整或置换出不符合易地扶贫搬迁范围的搬迁对象，建立台账档案，待省、州明确资金来源后进行整改。（整改责任单位：县财政局；配合责任单位：八乡镇人民政府、县住建局、县发改局、县扶贫办）

2. 及时锁定搬迁对象。经排查，全县符合易地扶贫搬迁范围的安置点有23个1196户3955人，其中建档立卡贫困人口638户2132人，同步搬迁户558户1823人，涉及资金20053.75万元。对已搬迁并经核实确属易地扶贫搬迁范围和对象，但未录入全国扶贫开发信息系统和云南省易地扶贫搬迁动态信息管理平台的，申请补充录入，待系统开放后立即调整录入。（整改责任单位：县扶贫办；配合责任单位：八乡镇人民政府、县发改局）

3. 将兰坪县不符合2016年易地扶贫搬迁范围的1532户5749人，按国家标准重新锁定搬迁对象，在2017年易地扶贫搬迁项目中实施，并补充录入全国扶贫开发信息系统和云南省易地扶贫搬迁动态信息管理平台。（整改责任单位：县扶贫办、县发改局；配合责任单位：八乡镇人民政府）

4. 对符合兰坪县2016年易地扶贫搬迁范围的搬迁对象1196户3955人，按照普查筛选、农户申请、村委会初审及公示、乡镇政府审核及公示、县级政府审批及公告、签订“3个协议”等程序进一步完善相关痕迹档案资料。（整改责任单位：八乡镇人民政府；配合责任单位：县美投公司、县扶贫办、县发改局）

---

二是积极稳妥实施搬迁安置。各地因地制宜选择搬迁安置方式。依据水土资源条件和城镇化进程，采取集中安置与分散安置相结合的方式组织实施易地扶贫搬迁。适宜集中安置的，结合新型城镇化规划和新农村建设，选择在移民新村、城镇、乡村旅游区等进行安置，并搞好配套建设；适宜分散安置的，采取“插花”、进城务工、投亲靠友等方式安置。例如，广西罗城仫佬族自治县采取“2+6+N”安置方式，在县城区黄金地段落实600多亩地用于“仫佬家园”、凤凰寨易地扶贫搬迁项目建设用地，分散安置于宝坛、怀群等6个重点乡镇，补充安置于四把水虎、马鞍等多个村屯。通过组织领导、科学规划、精确瞄准、责任明确、工作措施、督查问责“六到位”，强力推进易地扶贫搬迁项目建设。大力实施生态移民工程，加快不宜居地区贫困群众搬迁进程，搬迁群众通过发展扶贫产业、利用扶贫补助资金自主创业等逐步实现“搬得出、稳得住、可发展、能致富”。

三是配套建设基础设施和公共服务设施。按照“规划适度、功能合理、经济安全、宜居宜业”的原则，配套建设安置区水、电、路、网，以及污水、垃圾处理等基础设施，完善安置区商业网点、便民超市、集贸市场等生活服务设施。规划建设必要的教育、卫生、文化体育等公共服务设施。例如，广西环江毛南族自治县创新扶贫移民搬迁项目从“移民新村”向“移民新城”迈进的做法。他们突出“易地扶贫搬迁与城镇化相结合，与就业安置相结合，与产业带动相结合”等“三个结合”，“落实好一套优惠房子、一个就业岗位或经营摊位、一个孩子职业教育培训、一所义务教育学校、一个民族特色医院的保障”等“五个一保障”工程，推行“重规划配套、重宣传发动、重特色创新、重流程优化、重就业安置、重整合扶持、重文化传承、重机制保障”等“八重”措施，强力推进全县易地扶贫搬迁工作有序开展。扶贫移民搬迁新城“毛南家园”列入广西壮族自治区扶贫移民搬迁示范项目。他们还通过“四靠”来让移民能进得来、留得住、能发展，详见专栏13。

→ 专栏 13

### 环江毛南族自治县易地搬迁中的“四靠”

一是靠产业。通过大力发展林业加工、蔗糖、桑蚕、核桃、红心香柚、中草药、香猪、菜牛等八大扶贫产业来拓宽移民增收渠道。二是靠企业。把河池·环江工业园区确定为扶贫生态移民转移就业基地，规模以上企业有23家，这些企业全部投产后可以提供就业岗位近5000个。据统计，截至2018年，为易地扶贫搬迁移民提供就业岗位2100人，其中桂合公司安排了216人。三是靠商业。通过重点扶持一批有创业意愿的移民，在小额担保贷款方面给予大力支持，使他们能更好地实现自主创业。四是靠务工。通过加强与各类职业中介机构和劳务派遣公司联系，引导渴望外出务工的移民外出转移就业。此外，还结合生态补偿、教育扶智、医疗救助、低保兜底等措施，真正确保移民群众能够稳定增收、稳定脱贫。

---

### （三）生态补偿脱贫一批

在推进精准脱贫中，各地对居住在生态脆弱或生态保护区，但不具备搬迁条件的贫困人口，结合生态保护修复工程实施和生态保护补偿机制的建立，大力发展绿色经济，积极探索生态脱贫新路子，使贫困人口通过参与生态保护实现就业脱贫。

一是加大生态补偿力度。首先，利用生态综合补偿和生态保护工程，使“禁止开发区域”及周边当地有劳动能力的部分贫困人口转为护林员或其他方式的生态保护人员，让贫困群众从生态保护中得到更多实惠。例如，兰坪白族普米族自治县2017年争取了929名国家级生态护林员和1075名省级生态护林员指标，通过退耕还林还草、生态公益林补助等方式向群众补助了将近1亿元，拓宽了贫困群众的收入来源。其次，在实现国家级、自治区级、州级、县级公益林的补偿和管护“同标准、全覆盖”的同时，在贫困乡村中优先聘用建档立卡贫困户人员参与公益林管护，使贫困乡村公益林管护从兼职附带管护向专人专业队伍为主管护转变，从季节性、一般性管护向常年性的责任区管护转变，通过森林管护就业带动贫困人口脱贫。最后，争取国家大力支持。例如，2016年9月，国务院批复罗城仫佬族自治县成为国家重点生态功能区，每年可获得1亿元的转移支付资金。争取国家林业局批复2000个生态护林员名额，全县生态护林员总数达2744人，每年可带动2700多户贫困户实现脱贫。深入实施石漠化综合治理、新一轮退耕还林耕坡地综合治理等重点生态工程，发放生态补偿金1450万元，受益群众22326户84620人。

二是加大生态修复力度。首先，将坡度25°以上基本农田纳入退耕还林还草范围，认真实施天然林保护工程，稳定和扩大退耕还林范围，对边境一线、边远山区和人口较少民族聚居区域的陡坡、耕地、公路干线、旅游环线及城镇面山、江河沿岸和水库周边实行封山育林、人工造林、退耕还林。同时将坡度15°~25°重要水源地坡耕地纳入国家新一轮退耕还林还草规划，能退则退。例如，截至2019年，兰坪白族普米族自治县完成中低产林改造8089亩、治理水土流失面积8.47平方千米，推广使用完成太阳能路灯1000盏、3000台太阳能热水器、3000台节柴炉灶、500口沼气池。其次，大力开展石漠化治理、植树造林，实施水土流失治理、坡耕地综合整治、地质灾害防治、天然林保护、水生态治理等重大生态工程，不断提高森林覆盖率。最后，严格执行建设项目环境审批，深化重点行业污染治理，严格落实国家节能减排政策措施，强化源头严防、过程严管、后果严惩，确保不发生重大环境污染事件。

三是不断培育少数民族群众的环保意识。首先，大力实施节柴灶、太阳能热水器、太阳能照明等节能项目，减少对森林资源的消耗和生态环境的破坏。项目和资金安排优先向贫困地区倾斜，组织动员贫困人口参与生态保护建设工程，提高贫困人口受益水平，降低因灾致贫返贫发生率。结合国家重大生态工程建设，引导贫困群众调整产业结构，因地制宜发展舍饲圈养和设施农业，大力发展具有经济效益的生态林业产业。其次，重点加强宣传教育和培训，增强广大农民群众的环保意识，提高科学使用农药、化肥的能力和水平。鼓励农民使用有机肥，生产生态绿色产品，最大限度减少农药化肥对土地的污染；指导农民科学合理使用塑料薄膜，最大限度减少白色污染。最后，根据国家重点生态功能区定位，在不影响主体功能定位、不损害生态功能的前提下，适度开发并合理发展适宜性产业，积极探索生态建设与脱贫致富相结合的新模式。例如，陇川县稳步推进云南恒冠泰达农业发展有限公司在勐约乡温泉村（大部分是景颇族）及龙江水库沿线地区适合种植区域开发“陇川县（褚橙）高原特色高端水果种植基地”项目。采用“公司+品牌+基地+农户”的模式，通过政府引导、企业运作、农户参与，实现互利互惠、共同发展合作制模式。

### （四）发展教育脱贫一批

在推进精准脱贫过程中，西南人口较少民族地区全面实施教育优先发展战略，积极扩大学前教育规模，全面夯实小学教育基础，全力提升初中教育质量，努力提升高中入学率，着力打造高中教育特色，持续加快职业教育发展，阻断贫困代际传递。

一是不断提升基础教育水平。首先，改善办学条件。加快完善学前教育公共服务体系，逐步建成以公办园为主体的农村学前教育服务网络，在建档立卡贫困村实施“一村一幼”计划，保障建档立卡贫困家庭适龄儿童接受学前教育。全面改善义务教育薄弱学校基本办学条件，加强农村寄宿制学校建设，完善义务教育学校布局和义务教育经费保障机制。实施普及高中阶段教育攻坚计划，加大对普通高中学校改扩建支持力度。其次，强化教师队伍建设。通过改善乡村教师生活待遇、强化师资培训、结对帮扶等方式，加强师资队伍建设。多方培训少数民族教师，推进双语教育。建立乡村教师荣誉制度，对在贫困乡村学校从教20年以上的教师优先颁发荣誉证书，对长期在贫困乡村学校任教的优秀教师给予物质奖励。实施好边远贫困地区、边疆民族地区人才支持计划。

二是降低贫困家庭学生就学负担。对建档立卡贫困家庭学生实行3年免费中等职业教育和免费高中教育，提高农村义务教育阶段建档立卡贫困家庭寄宿生生活费补助标准。探索农村学龄前幼儿入园补助政策措施，对家庭贫困在园（班）幼儿给予适当生活补助。例如，勐海县在精准脱贫中建立贫困家庭高校学生多元化资助体系，引导社会团体、企业、个人等结对帮扶。切实实施“雨露计划”，加大对贫困家庭在高等院校就读学生奖助学金、助学贷款等资助力度。详见专栏14。

→ 专栏 14

## 勐海县教育保障政策落实情况

一是落实国家“两免一补”政策。2014—2017年，义务教育阶段免除学杂费，累计补助资金8731.35万元，受益学生13.7万人次；义务教育阶段免教科书费，累计补助资金2208.1万元，受益学生13.8万人次；贫困家庭寄宿学生生活补助资金8549.2万元，受益学生7.9万人次。

二是落实义务教育阶段人口较少民族学生生活补助政策。2014—2017年，累计补助资金494.2万元，受益学生2万余人。

三是落实学前政府助学金政策，2014—2017年，累计投入资金124.68万元，资助3240人。

四是落实中职国家免学费政策。2014—2017年，共免学费854.56万元，受益4270人。落实国家中职国家助学金政策。2014—2017年，共资助学生3374人，资助金196.6万元。

五是落实国家助学贷款政策。对就读高校的勐海县户籍家庭经济困难学生发放生源地信用贷款，2014—2017年，共发放1725人，贷款1297.43万元。有效杜绝了贫困家庭子女“因学致贫”“因贫辍学”现象的发生。

---

三是制定落实严格防辍学措施。首先，围绕贫困家庭适龄儿童义务教育入学率达到国家规定的标准这一要求，逐级成立控辍保学工作领导小组，并与各乡镇签订控辍保学责任状，细化责任目标，明确工作职责，强化控辍保

学工作逐级包干制度，进一步完善各负其责、分级管理的工作机制，建立健全县、乡（镇）、村、组四级联动控保网络，强化控辍保学督查评估机制，把控辍保学工作纳入乡镇考核评价，有的地方把控辍保学率100%作为贫困村摘帽的条件之一。其次，完善资助体系，精准施助。在确保人口较少民族享受国家规定的各项教育政策外，建立健全县级资助政策，确保不让一名人口较少民族学生因贫辍学。最后，实行“送教上门”，主动关心爱护学生，建立形成学生关爱体系，将贫困、留守、流动、残疾、问题学生群体纳入重点关爱群体。针对残疾适龄儿童少年不能随班就读和到特殊教育学校就读的实际情况，设立“特殊教育资源中心”，实现对不能到校上课的残疾儿童送教上门全覆盖，解决了残疾儿童想上学、能上学的难题。

四是确保教育扶贫到村到户到人。首先，通过统筹规划，整合资源，各地实现学前教育全覆盖，而且建设以少数民族为主体的幼儿园或学前班，使少数民族学前幼儿对外联系和语言交流增加，在学前教育阶段熟练掌握汉语，破除语言不同的障碍，为下一阶段的教育奠定基础。其次，为切实提升人口较少民族贫困群众素质，增强人口较少民族贫困群众与外界沟通交流能力，各地结合实际情况，在扫盲验收基础上，开办汉语口语交流强化培训班和日常汉字识字巩固提高班，确保人口较少民族贫困村人口能熟练使用汉语交流。最后，在教学中采用双语教学模式，以两种语言教育和指导，让少数民族学前幼儿形成正确的语言和文化价值观，增强民族自尊心和自信心，从而培养出健全人格和健康心理。同时，将学校办到村组，方便村组适龄幼儿就近入学，减轻群众负担，降低农村地区教育成本，改善了农村幼儿育人条件，优化教育环境，促进人口较少民族地区适龄幼儿身体健康成长，为教育均衡发展奠定基础。

### （五）社会保障兜底脱贫一批

推进精准脱贫过程中，西南人口较少民族地区均将符合农村低保条件的建档立卡贫困家庭纳入低保范围，对于返贫家庭，分别纳入临时救助、医疗救助、农村低保等社会救助制度和建档立卡帮扶政策覆盖范围。

一是提高社会救助水平。首先，完善特困人员集中供养、幸福超市等社会保障救助政策，全面落实农村低保、基本医疗保险、养老保险、特困人员救助供养、临时救助等综合社会保障政策。其次，对因病、因残、因灾、因学、因突发事件等返贫致贫的农村人口，符合低保条件的应保尽保。对有因病致贫返贫风险的，纳入签约服务范围，做好住院转诊服务，不降低医疗费用报销标准，跟踪指导救治后用药和康复管理。最后，推动建立致贫返贫风险救助基金，实行联防联控，整合教育、卫生健康、医保、民政、残联、住房城乡建设、水务等部门资源，统筹临时救助和帮扶资金等。

二是开展健康扶贫。首先，完善保障农村贫困人口基本医疗的政策措施，确保贫困人口全部纳入大病保险和医疗救助等制度保障范围。全面落实“大病集中救治、慢病签约服务管理、重病兜底保障”的要求，推动健康扶贫工程深入实施。其次，持续改善医疗卫生硬件水平，不断改善陈旧的医疗设备，加强农村卫生室达标建设。通过财政出资与人寿财险、人寿保险合作，为贫困户全额缴纳大病保险。完善和提升乡镇敬老院的服务能力，开发养老服务产业为当地留守老人提供养老保障。注重对“三留守”人员的心理疏导和生活引导，提升“三留守”人员的自我保护和发展能力。最后，聚焦重点人群、重点病种，做实做细家庭医生签约服务，完善“先诊疗后付费”“一站式”即时结报等惠民措施，做到贫困人口看病有地方、有医生，常见病、慢性病能够在县乡村三级医疗机构获得及时诊治。

三是兜底扶贫强保障。一方面，严格落实“两线合一”，做到应扶尽扶、应保尽保，贫困人口医疗保险参合率均达到100%，将农村低保标准逐年提高，全力加强“救急难”临时救助，对临时困难家庭及时给予经济救助，保障基本生活。另一方面，全面落实医疗救助政策，开展大病救助，对低保户、特困人员实行零门槛救助。对集中供养农村特困人员、分散供养特困人员和低保户医疗费用自付部分给予更多、更高的优惠。

## 四、基本保障：完善工作机制，确保脱贫可持续

在推进精准脱贫过程中，西南人口较少民族地区把脱贫攻坚作为重大政

治任务，采取超常规举措，创新体制机制，加大扶持力度，打好政策组合拳，强化组织实施，为脱贫攻坚提供强有力保障。

### （一）组织保障

一是注重党建扶贫。各地重点抓好乡镇党委和政府脱贫攻坚领导能力建设，改进干部选拔任用机制，对乡镇和部门脱贫攻坚工作突出的领导干部给予提拔任用。脱贫攻坚任务期内，贫困乡镇领导班子保持相对稳定，主要责任人实行乡镇不出列人员不换岗。加强基层组织建设，突出党的领导核心作用，发挥基层党组织在脱贫攻坚中的战斗堡垒作用。加大驻村帮扶工作力度，精准选配第一书记，配齐配强驻村工作队，充分发挥好第一书记和驻村扶贫工作队的帮扶引领作用，抓好党建和脱贫攻坚工作，实现党建和扶贫工作“双推进”。

二是注重部门协作实施扶贫规划。各地发改局同扶贫办负责扶贫规划的组织实施、统筹协调与监测评估等工作。各有关部门按照职责，制定扶贫工作行动计划或实施方案，出台相关配套支持政策，并负责推进落实，同时加强规划实施的业务指导和督促检查。县委、县政府对脱贫攻坚负总责，负责组织指导制定县级、乡镇的脱贫攻坚规划，对规划实施提供组织保障、政策保障、资金保障和干部人才保障，并做好监督考核。乡镇党委和政府负责规划的组织实施工作，并对规划实施效果负总责。

三是注重跟踪问效。各地把扶贫开发纳入年度目标考核，完善扶贫工作考核评价体系，定期开展综合评价，对完不成扶贫攻坚任务的乡镇、县级部门，年度绩效考评降低一个等次，对领导班子和领导干部评先评优实行“一票否决”。加强对扶贫开发责任落实、资金投入、工程质量、项目监管、扶贫效果的监督检查，并实行定期通报。加强对行业扶贫工作和部门定点帮扶工作的督查考核。对抓扶贫攻坚成绩突出的干部予以重用，接任者优先从原班子中选拔。对有培养前途的干部有针对性地安排到基层组织或到贫困村挂职锻炼。对在扶贫攻坚中不作为的乡镇、县级部门主要领导和分管领导及时进行组织调整或问责；对完不成阶段性扶贫任务，在扶贫工作中弄虚作假的领导干部给予严肃处理。对挂职锻炼考核不合格的干部不重用且进行批评教育。

### （二）政策保障

一是财政政策。各地财政局及相关部门积极与上级部门衔接，并根据脱贫攻坚需要，围绕各地的突出问题，以扶贫规划为引领，以重点扶贫项目为平台，把专项扶贫资金、相关涉农资金和社会帮扶资金捆绑集中使用，并制定具体项目资金整合办法。

二是金融政策。各地鼓励和引导商业性、政策性、开发性、合作性等各类金融机构加大对扶贫开发的金融支持。发挥多种货币政策正向激励作用，引导地方金融机构切实降低贫困地区涉农贷款利率水平。推动开展特色农产品价格保险，改进和推广小额贷款保证保险，扩大农业保险密度和深度。

三是土地政策。各地新增建设用地计划指标优先保障易地扶贫搬迁、扶贫开发用地需要。吸引社会资金参与土地整治和扶贫开发工作。认真开展城镇低效用地再开发和低丘缓坡荒滩等未利用地的开发利用试点。

四是干部人才政策。各地加强干部队伍特别是少数民族干部队伍建设，加大干部教育培训力度，实施边疆民族地区人才支持计划。建立用人激励机制，引导人才向基层和艰苦地区流动，加强与精准扶贫工作要求相适应的扶贫开发队伍和机构建设，充实乡镇扶贫开发队伍，强化扶贫业务培训，增强扶贫开发工作力量。

### （三）监督保障

在开展精准脱贫中，西南人口较少民族均把全面从严治党要求落实到脱贫攻坚工作中来，加大扶贫领域的监督执纪问责工作，把党的纪律挺在前面，严格监督，严肃执纪，为坚决打赢脱贫攻坚战提供精准纪律保障。

一是制定实施扶贫开发责任落实纪律检查的工作方案等文件，实行周追踪、月督查、季通报、年评比制度，勤暗访、常提醒、强整改、严问责的监督问责体系。

二是坚持一抓约谈、二抓执纪、三抓激励的方式，2015年以来，各地县委与乡镇和行业部门主要负责人、扶贫工作队（包括动态管理工作队）队长开展约谈；各县纪委均对履行主体责任不到位的乡镇、部门单位主要负责人进行约谈提醒；乡镇主要领导约谈党政班子成员、驻村扶贫工作队队长和工作队员，红脸出汗、咬耳扯袖已成为各地各县扶贫工作常态。

三是以扶贫领域腐败和作风问题专项治理工作为重点，深入学习贯彻习近平总书记关于进一步纠正“四风”加强作风建设重要批示，采取定期不定期、明察暗访等形式，对各领域、各地方扶贫工作开展情况进行监督检查，查处扶贫领域违纪违规问题。

四是各地扶贫办加强与人大、政协、纪检监察、审计、财政、媒体、社会等监督力量的全方位合作，把各方面的监督结果运用到考核评估、督查巡查中，为推进脱贫攻坚营造“不敢腐、不想腐、不能腐”的震慑氛围。

### （四）机制保障

一是创新就业扶贫服务机制。首先，各地均加强技能培训，增强贫困人口就业竞争力，特别是加强对有劳动能力贫困户的实用技术培训，确保每个贫困户有一个技术明白人，掌握一两门实用技术，真正让贫困户有技可用、有业可就。同时，鼓励涉农部门加强农业职业技能培训，扶贫、农业、社保等部门就贫困人口技能、新型职业农民技术、合作社经营管理等进行培训，保证每个乡都有4～5名贫困户“土专家”。其次，创新金融扶贫，实现自我就业。各地创新金融扶持模式，增加创业收入，搭建县、乡（镇）、村三级金融服务平台，为贫困户贷款提供全程服务，解决贫困户创业资金难题，充分发挥小额信贷门槛低、手续简、放贷快的特性，鼓励贫困户自主创业，有效促进贫困户脱贫致富，确保贷款“放得出、用得好、收得回”。再次，建好电商扶贫，增加线上收入。各地不断探索创新“农村电商+农村金融+精准扶贫”新模式，大力发展电子商务，建成县级农村电子商务公共服务中心及贫困村电商服务站点。实现农特产品的全国范围内找市场、交易销售线上完成。最后，抓好扶贫车间建设，实现家门口就业。扶贫车间以扶贫为目的，以带动脱贫为宗旨，解决农户尤其是贫困户就近就业问题。采取“企业+扶贫车间+贫困户”的模式，在乡、村或易地扶贫搬迁集中安置点开设加工车间，主要负责订单生产和来样加工制造，较好地吸引、吸收周边贫困户。以计件的方式发放劳动报酬，贫困户可以灵活安排上下班时间，既照顾了家庭，又拓宽了他们增收的渠道。

二是创新东西部扶贫协作机制。首先，西南人口较少民族大部分地区通过招商引资、加强人员互访交流、加大致富带头人培训工作力度、加强双方市场供求关系建设，极力做到人请进来、货走出去。其次，加快引进一批东部地区产业项目落地，通过交流互访和培训机制培训一批懂经营、善管理的农村致富带头人带动群众通过发展产业扶贫、消费扶贫实现脱贫增收，通过积极实施消费扶贫工作，力争打造一批品质优良、品牌过硬、市场占有率高的产品和服务带动群众脱贫增收。最后，加快农产品的食用安全和有机无害化认证管理工作，积极邀请东部地区的产品销售企业帮助生产加工企业完成认证申报工作，帮助建立健全质量管理和品牌管理体系。

三是创新创业利益联结机制。首先，通过推行股份制合作，创新扶贫产业利益联合机制。采取政府主导型、帮扶资金带动型、专业合作带动型、农业园区带动型、农村能人带动型、龙头企业带动型等创业模式，实现产业与群众的有效利益联结和精准脱贫的可持续性。其次，把发展股份合作社作为实现贫困群众稳定脱贫的重大举措，作为发展现代农业的重要突破口，把扶贫资金、金融资金、工商资本投入，以及群众土地、山场、林木、农宅等不动产作为股份，探索股份制合作扶贫的新路子。最后，在扶贫产业全覆盖基础上，着眼拓宽贫困群众增收渠道，探索建立县、乡、村三级资产收益扶持平台，有目的、有计划地实施农村劳动力转移，吸引、鼓励优质劳动力回乡就业创业。

## 五、推进精准脱贫的村级经验：以德宏傣族自治州芒市三台山德昂族乡勐丹村为例

### （一）勐丹村基本情况

#### 1. 村概况

三台山乡勐丹村是三台山乡最大的村，全村辖14个村民小组，638户2620人，其中有11个德昂族村寨2034人，3个汉族村寨586人，全村党员共101人，

平均海拔1400米，年平均日照2000～4000小时，最高气温34℃，耕地面积为13430亩，其中，水田面积1294亩，旱地面积12136亩。勐丹村主要经济来源为种植业和养殖业，主要作物为甘蔗、玉米、坚果、咖啡等，养殖业以牛、猪、鸡为主。

#### 2. 贫困状况

2014年勐丹村建档立卡户有48户163人，经过第一次回头看脱贫了12户38人，第二次回头看脱贫5户19人，经过第三次“五查五看、三评四定”确定现有未脱贫建档立卡户31户104人。2017年脱贫7户25人，贫困发生率为3.01%，还有24户79人未脱贫。

### （二）勐丹村开展精准脱贫情况

#### 1. 主要做法

一是抓班子。实行村支部书记、村主任双组长责任制，与村各小组签订《脱贫攻坚责任书》，将责任细化到村小组；压实压密村“两委”班子成员责任，细化分工，狠抓工作落实；实行领导挂村干部包组制度，积极指导具体帮扶措施，明确领导直接负责，干部驻村与群众同吃同住同劳动；做好挂钩干部的对接联系，配合各小组做好发展思路，明确挂联干部走访到户，为群众出谋划策，制定发展思路。

二是抓点子。制定《勐丹村2016年脱贫摘帽实施方案》《勐丹村2016年脱贫摘帽工作任务细化方案》《勐丹村脱贫退出考核实施方案》，进一步完善“村规划”脱贫攻坚目标、责任分工、工作步骤、12项重点工作任务及相关要求。继而14个小组编制脱贫攻坚“村思路”，提出各小组2016年脱贫攻坚任务目标、发展方向、脱贫举措。同时，驻村工作队深入村寨农户中，编制建档立卡贫困户“户打算”，实现每户建档立卡贫困户1个脱贫计划，细化到具体种什么、养什么，有数量、有差别。

三是抓票子。坚持按照“长短结合、以短养长、以长促短、长短兼顾发展”的思路，引导群众在巩固粮、蔗、茶、畜等传统产业的基础上，大力发展澳洲坚果、咖啡、香蕉等产业，做大做强特色产业。一是巩固甘蔗1889亩，发展坚果7778亩、茶叶998亩、板栗280亩、咖啡1152亩，不断增加群众收入；二是带领群众大力发展肉牛养殖，发放信贷93户560万元（其中建档立卡贫困户6户60万元），肉牛存栏1674头出栏751头，发展后劲得到增强；三是筹措6.91万元资金，扶持建档立卡户发展能繁母猪、仔猪养殖；开展实用技能就业培训，引导建档立卡户外出务工或参与辖区内重大工程服务创收，实现家庭收入“多管进水”。

四是抓房子。按照“倒排工期、挂图作战”要求，分散安置户民房改造建设工作，紧扣民族民居特色，深入村寨做好惠民政策宣传，服务群众做好贷款材料申报、审核，房屋建设资金的监管使用等工作，有序组织开展危房拆除、民房重建。分散安置户各小组建档立卡危房改造动工31户完工31户。

五是抓孩子。加大对《三台山乡进一步加强教育工作实施意见》《三台山乡教育工作奖励办法》等制度的贯彻落实力度，严格落实“加强教育脱贫一批”工作，保障建档立卡户子女有学上、不辍学。2016年州、市按3：7比例发放建档立卡贫困户学前、普通高中、中职中专、大学教育帮扶计划补助资金1.1万元。芒市法院出资5000元，对护拉山何玉白、何荣兰两姊妹进行资助。

六是抓对子。落实“挂包帮、转走访”制度，密切与法院对接联系，定期不定期召开专题联席会议20余次，互通信息、剖析问题、争取项目，积极争取资金支持产业帮扶、完善脱贫标牌设施等，帮联道路、文化、水利等重点项目。驻村工作队遍访贫困户并深入分析村情户情，入户率100%，做到“底数清、情况明”。因地制宜、因户意愿、有针对性地制定各村产业发展、各户定向帮扶措施。整合人力、财力开展农村实用技术培训1期100人次，通过送母猪、劳务输出等方式助推建档立卡贫困户脱贫摘帽。

七是抓旗子。在脱贫攻坚工作中建强一批基层党组织，把攻坚战的指挥部设在党组织活动室，建立“党员社干+任务”的“2+N”模式，让党员社干将任务扛在肩头，强化党组织在脱贫攻坚工作中的核心领导地位。在抗灾一线组建党员突击队，确保“关键岗位有党员领着，关键工作有党员盯着，关键环节有党员把着，关键时刻有党员撑着”，充分发挥党员在脱贫攻坚中的先锋模范旗帜作用。成立种植养殖专业合作社，以“党员带领群众创业致富”为杠杆，撬动农业产业快速发展。细化公示“三类书记”脱贫攻坚目标任务清单，抓实一线书记责任、明确一线书记职责。

八是抓册子。按照“一村一策、一户一档”的要求，积极收集整理建档立卡贫困户脱贫相关工作资料，完善建档立卡贫困户档案，以促膝家访、劳作生产、民居建设、产业发展、培训就业等图文并茂的方式，展现建档立卡户脱贫前、脱贫中、脱贫后的鲜明对比，做到工作翔实、资料齐备，并在过程中跟踪了解帮扶措施落实及生产经营情况，有针对性地修改完善帮扶措施，确保建档立卡户脱贫“策”为当头、“实”在成效。通过举全村之力开展脱贫攻坚工作，进一步激发了各级领导干部干事创业的积极性，凝聚了全社会参与脱贫攻坚的向心力，增强了贫困地区持续发展的基础和能力，推动村经济社会发展水平迈上了新台阶，为勐丹村与全乡、全省、全国同步全面建成小康社会奠定了坚实的基础。

### （三）勐丹村整改工作开展情况

#### 1. 贫困人口摸底调查和识别工作推进情况

根据《德宏州扶贫开发领导小组关于印发〈德宏州贫困人口再识别摸底调查方案〉的通知》（德贫开发〔2017〕9号）要求，勐丹村组织班子成员以及工作队员召开了全村贫困人口再识别摸底调查整改工作培训会，乡政府也抽调干部入户人员相关培训工作，按照新标准、新要求再次安排乡、村、组、驻村工作队员进村入户，对错评户、漏评户、错退户、漏退户进行核查。

根据州、市、乡贫困人口再识别工作的相关要求，经排查，勐丹村共排查出卡外贫困户41户135人，错退户5户17人，排查出漏退户12户55人，人户不符的情况21户32人（缅籍16人）。

#### 2. 精准帮扶措施落实

一是精准制定帮扶措施。逐户认真分析致贫原因，并填写精准扶贫明白卡，制定针对性的帮扶措施，做到因村、因户、因人施策。

二是精准制定产业发展规划。结合2017年脱贫攻坚目标任务以及实际情况，进一步完善产业发展规划，切实加大资金投入力度，积极向上级部门争取资金，重点覆盖2017年预脱贫户及2014年、2015年脱贫户，兼顾其他贫困户，确保精准施策。对全村产业发展规划修改完善，重点扶持发展农民专业合作组织，带动和促进贫困户增收致富。

三是大力发展农村集体经济。2016年勐丹村共发展30万元村集体经济。

四是切实抓好农村剩余劳动力转移就业培训和农村实用技术培训。2017年全村计划培训农村劳动力120人次，确保建档立卡户全覆盖。4月25日组织有就业意愿的4人到芒市职业教育中心参加“芒市地区2017年民营企业现场招聘会”，其中建档立卡户2人成功与小匡米行、云南滇菌有限公司签订用工合同。

五是规范低保政策。认真落实“按户施保”标准，将符合条件的建档立卡贫困户纳入农村低保范围，同时，及时调整不符合低保对象，做到应保尽保、应退尽退。

六是明确住房标准，解决住房问题。坚持以保障基本的安全住房作为工作原则，规范农村危房认定程序，精准认定贫困户、低保户、农村分散供养特困人员和贫困残疾人家庭4类人员中需要建房的对象，通过安排农村危房改造、美丽乡村等项目，采取严格控制建房面积、推广房屋加固改造等方式，逐步解决农村贫困群众的住房问题。

七是加强教育扶贫力度。再次组织教育、扶贫、各小组全面排查建档立卡贫困户学生情况，建立完善学校教师与建档立卡贫困户“一对一”或“多对一”结对联系工作机制，争取做到不漏一户、不漏一人，确保建档立卡贫困户学生统计底数清、情况明；充分发挥捐资助教基金作用扩大助学覆盖面，全力保障档外贫困户家庭学生就学。

八是保障基本医疗。第一，按照省、州统一安排部署，全面启动勐丹村建档立卡贫困人口因病致贫筛查工作，核实核准患病家庭、人员和病种，建立贫困人口因病致贫管理数据库，确保分类救治比例达到70%，慢性病管理达到100%。第二，制定完善家庭医生签约服务方案，全面启动家庭医生签约工作，实现农村贫困人口100%签约，实行精准管理、精准施策，做到一户一策、一人一策、一病一策。第三，积极探索健全完善兜底保障机制。进一步调整优化新农合、大病补充保险、医疗救助补偿方案，完善并落实好健康扶贫工作联席会议制度，切实提升各职能部门的协同互补作用。全力整合和争取资金，提高重大疾病、长期慢性病医疗补助标准，解决因病致贫、因病返贫问题。

### （四）勐丹村项目安排情况

2016年勐丹村主要实施产业项目及成效：能繁母猪、仔猪于2016年1月实施，猪存栏100头，其中，能繁母猪40头（项目帮扶36头），产崽141头，产仔成活率89.5%，销售80头4万元；澳洲坚果项目自2013年起在勐丹村大规模推广实施，但澳洲坚果挂果周期为5～6年，投产1000多亩。各类基础设施建设严格按照相关项目资金要求的同时，迅速组织实施。同时，勐丹村项目申报、组织实施项目均为2016年初制定《勐丹村第十三个五年规划》建设项目。

第四章

# “六个显著”：西南地区人口较少民族精准脱贫的历史性成就

决胜期西南人口较少民族地区以脱贫攻坚统领经济社会发展，聚焦问题、突出重点，走准走实脱贫攻坚每一步，扶贫工作实现从“漫灌”向“滴灌”、“输血”向“造血”、“单打独斗”向“统揽全局”的革命性转变，真正做到了精准扶贫、精准脱贫。2019年，独龙族、基诺族、德昂族、阿昌族、布朗族、普米族、景颇族、佤族、拉祜族、怒族、傈僳族等11个“直过民族”和人口较少民族提前1年实现整族脱贫，其贫困发生率降至2.41%，历史性告别绝对贫困。

## 一、产业不断壮大，民族经济高质量发展提升显著

决胜期西南人口较少民族地区紧紧围绕自身发展战略，按照“稳基础、建基地、扶龙头、抓项目、打品牌、拓市场”的思路，牢固树立创新发展理念，优化产业布局，实施服务产业升级推进年活动，推动传统产业生态化、特色产业集群化、新兴产业规模化，为民族经济快速、健康发展奠定了坚实基础。

### （一）工业经济不断提质升级

一是新型工业化得到加速推进。各地工业园或民族工业园得到科学详细规划，工业园区闲置土地得到有效整合，“自治区A类”工业园区涌现。木材、有色金属、制丝、制糖等传统产业转型不断升级，节能环保综合利用示范项目工程不断开工建设。

二是特色产业不断壮大，品牌战略切实实施。例如，罗城仫佬族自治县打响特色酒业发展品牌，形成集种植酿造、展示体验、旅游观光、休闲度假为一体的专业化葡萄酒城“中天酒庄”，提升“中国野生毛葡萄之乡”“罗城毛葡萄”原产地地理标志知名度。打造优质天然饮用水基地，开工建设

一个年产50万吨饮用水项目，完成中源山泉年产100万吨改扩建、康之源二期技改配套及休闲体验等项目建设，提升优质饮用水品牌“九千万”“纳翁”“野芭蕉”“桂景”等的影响力。

三是提升服务水平，深化“服务企业年”活动，大力培育著名商标，争创中国驰名商标，各地继续实行“县四大班子”领导挂钩联系企业制度，兑现强优企业奖励扶持政策，加大对龙头、重点企业的扶持力度，培育出一批潜力大、速度快、效益好的中小企业。

### （二）特色优势产业稳步发展

各地按照“村有主导产业，户有增收项目”的目标，大力培育贫困村、贫困农户特色产业。“一村一品”“多村一品”的产业发展格局发展较快，规模经营种养大户逐年增加，基本形成“一户一项目、一村一品、一乡一特色、一县一品牌”的特色产业格局。

一是种植业发展良好。首先，产业品种多元化发展。各地结合自身的产业基础和资源条件，重点发展与扶贫关联度高、扶贫对象能够广泛参与、促进产业整合发展的特色产业。例如，分布于溶岩地区的毛南族和仫佬族重点培育发展核桃、茶叶、猕猴桃、毛葡萄、油茶、构树、油桃等特色优势产业，采取“企业+农户”的模式，为民族地区贫困群众持续增收提供保障。又如，分布于高寒山区的普米族、独龙族、怒族主要培育发展以蔬菜、马铃薯、高山杂粮、优质食用豆、重楼、羊肚菌、油用牡丹和水果等为主的特色种植业。其次，特色产业进一步优化发展。“一村一品”专业示范村建设进一步推进，打造了一批特色明显、附加值高、主导产业突出、农民增收效果显著的农业产业，产品品牌创建得到进一步支持。着力加快传统农业及新兴产业发展，加强特色粮油产品标准化生产质量安全体系建设，推进园艺作物标准园创建，选育一批适销对路、熟期合理的优良品种，发展园艺产品标准化生产。着力抓好地方特色畜牧养殖业，加强水产新品种选育，推广应用健康养殖标准和养殖模式。最后，大力发展特色林业。结合国家生态建设工程，培育了一批兼具生态和经济效益的经济林木等林业产业，大力推进木本油料、林下生态产品开发，着力扶持建档立卡贫困人口发展林下种植、养殖、中药材等项目。

二是畜牧业持续快速健康发展。首先，通过政策支持、社会资助、单位帮扶等多种形式，动员和扶持民族地区贫困群众发展土鸡、肉牛、本地猪等投资少、周期短、见效快的家庭畜牧养殖项目。其次，以发展现代畜牧业为抓手，突出特色、优化布局、依靠科技、提高质量、培育品牌、开拓市场，加强畜牧业生产基地和保障服务体系建设，加快畜牧业生产方式转变，提升畜牧业市场竞争力，促进畜牧业持续快速健康发展，畜牧生产呈现稳步增长的良好态势。最后，以产业增效、农民增收为目标，大力发展香猪、菜牛、乌骨羊、绒毛鸡、指独山乌鸡、兰坪黑山羊、独龙牛、独龙蜂等地方特色畜禽资源，这些“人无我有，人有我优”珍稀品种开发前景越来越广阔。

三是乡村旅游快速发展。首先，乡村特色旅游资源得到充分挖掘。坚持把发展乡村旅游与脱贫攻坚、兴边富民工程、人口较少民族帮扶相结合，突出民族文化、边境特色、生态环境、田园风光等特点，通过挖掘资源发展乡村特色旅游，少数民族贫困群众得以增收致富。其次，休闲农业得到大力发展。特色农产品、农事景观等资源，以及休闲农业和生态旅游得到积极发展。休闲农业聚集村、休闲农业园等主体设施建设和环境保护得到进一步加强，发展休闲农业合作社，促进农业与旅游观光产业深度融合得到进一步扶持。最后，特色文化旅游迅速发展。文化与旅游的融合发展进一步加快，打造出一批民族特色文化旅游村寨，新增一批民族文化旅游特色线路、景点、景区。组织实施特色文化产业发展工程，依托民族特色文化、乡土文化，大力发展传统文化和乡村文化旅游，民族传统工艺产品得到开发和传承。

四是产业发展主体得到有效培育。首先，加快培育农民专业合作社、家庭农场、种植大户、创业能人等新型农业经营主体，鼓励开展产品加工、流通、电子商务、产业社会化等服务，采取直接投资、参股经营等方式，发展适度规模经营，通过政策和资金扶持，带动周边群众和贫困户实现增收脱贫。其次，引导大中专毕业生、新型职业农民、务工经商返乡人员领办农民合作社，兴办家庭农场，创办农业、旅游业企业。支持符合条件的新型经营主体承担政府相关项目，带动技术、物资、资本、人才向新型全产业链聚集。最后，利益联结机制不断完善。通过建立“龙头企业+经济合作组织+贫困户”订单帮扶，“龙头企业+贫困户”订单帮扶，“经济合作组织+贫困户”统一服务、统一收购等形式的利益联结机制，实现贫困农户稳定增收脱贫。

五是农业发展保障体系不断完善。首先，服务有保障。从生产、管护到销售的各个环节，县级各职能部门建立农业技术推广机构、乡（镇）农业术推广站（所），村级有一批新型农民技术员，县、乡、村三级电商服务网络逐步完善。所有行政村已实现广播、电话、电视“村村通”，并具备互联网宽带接入条件，农产品信息服务热线网络健全，为农业生产、农民增收提供服务保障。其次，产业资金筹措有保障。在大幅增加财政专项扶贫资金投入的同时，进一步加大财政扶贫资金统筹整合力度，拓宽扶贫项目融资渠道，发展特色产业。对于扶持贫困户，出台相关政策帮扶预脱贫贫困户，每户补贴5000元以内作为产业发展扶贫资金。对于农业示范区，达到创建乡级以上规模的现代特色农业示范园区（基地），政府将整合资金，优先扶持、安排基础设施项目建设，经验收合格，享受自治区“以奖代补”奖励，对经自治区考评认定为县、乡级示范区的各县政府出台了与自治区等额奖励资金配套奖补办法。最后，农村土地承包经营权有序流转有保障。县级和乡（镇）农村土地流转服务中心得到建设与完善，建立和完善县、乡、村三级农村土地流转服务体系以及县、乡（镇）两级农村土地流转信息化网络交易平台。

### （三）产业融合进一步加快

一是产业融合多元化发展。首先，新型城镇化稳步推进。推动贫困农村产业融合发展与新型城镇化建设有机结合，引导贫困农村二、三产业向县城、乡镇集中。加强规划引领和市场开发，培育农产品加工、商贸物流、文化旅游等专业特色小城镇。加快建立城乡统一资本市场、人力资源市场和土地要素市场，促进城乡间生产要素双向自由流动。其次，产业结构调整进一步加快。各地严格把关，坚决停止大型矿山、水电开发，大力发展高原生态农业，按照“宜农则农、宜林则林、宜牧则牧”的要求，加快农业内部结构调整，强化农产品品质、品种、品牌建设，加快推进特色农产品生产加工业培育，推进中药材种植等产业，引导有能力的贫困家庭劳动力外出务工，加快发展产品加工、现代服务、乡村旅游等农村二、三产业，推动农村一、二、三产业融合发展，让农户更多分享农业产业链和价值链增值收益。最后，产业新型业态得到大力发展。大力推行“农业+”“旅游业+”“电商+”等产业扶贫新模式。实施“互联网+现代农业”行动，发展信息化农业、生态化工业、创意旅游业，加快电子商务综合示范项目建设，搭建产品“线上线下”交易平台，利用互联网提升产业生产、经营、管理、服务水平。

二是产业融合服务体系不断完善。首先，金融惠农服务得到强化。发展普惠金融，金融机构已到乡镇、村委布网设点，延伸服务半径，农村基础金融服务全覆盖得到进一步推动。其次，人才和科技支撑得到加强。农村教育特别是职业教育不断发展，实用人才如导游等新型职业人才培育力度不断加大。各类科技人员、大中专毕业生等到基层创业的情况不断涌现。最后，自然环境、乡土特色、历史风貌保护和传承得到加强，农业与旅游、教育、文化、体育等产业融合更加深入，实现了贫困农村农业从生产向生态生活、从物质向精神文化功能拓展。

三是产业融合条件不断改善。首先，水、电、路、通信等基础设施进一步完善，全面完成农村公路通畅工程，优化了路网结构，对自然村道路进行了硬化，农村客运得到大力发展。其次，完善了休闲农业和乡村旅游道路、供电、供水、停车场、观景台、游客接待中心等配套设施，推动了科技、人文元素融入特色农业与旅游业。最后，深入贯彻落实各种税费减免优惠政策，加强对鼓励、支持和引导民营经济发展各项政策法规的宣传，“亲商、扶商、重商”的环境已经形成。

## 二、社会事业全面发展，群众精神风貌提升显著

社会事业工作是民生之本、和谐之基、发展之需。在推进精准脱贫过程中，西南地区人口较少民族持续保障和改善民生，加快推进社会事业发展，使教育及就业等各项社会事业更好更快发展。

### （一）教育事业稳步发展

一是全面推进义务教育发展基本均衡工作。城乡教育差异不断缩小，对建档立卡的贫困家庭学生实施普通高中免除学杂费，实现家庭经济困难学生资助全覆盖，逐步斩断贫困代际传递。

二是完善了各种教育资助办法。基本完善了建档立卡贫困户在读子女信息数据库，为建档立卡在册贫困户中小学生发放营养改善计划资金、提供免费教科书，为建档立卡在册贫困户幼儿园学生发放学前教育补助金。例如，勐海县加大高中阶段普及教育，推进12年义务教育；以勐海县职业高级中学为平台，以就业创业为导向，积极引导"直过民族"或人口较少民族贫困村初、高中毕业后未能升学的学生进入勐海职中接受免费职业技能教育，并积极推荐就业，确保全县"直过民族"或人口较少民族贫困家庭有初、高中毕业后未能升学的学生实现技能教育全覆盖。

三是学前教育得到加快发展。统筹规划学前教育，学前三年行动计划得到加快推进，优先在人口较少民族聚居乡镇、村新建或增设幼儿园，普及学前阶段普通话教育，加快发展学前教育，2020年前人口较少民族贫困学生入园率已达100%。

### （二）社会保障能力不断提升

一是医疗综合改革加快，医疗服务能力加强。对因病致贫贫困人口组织实施大病集中救治一批、慢性病签约服务管理一批、重病兜底保障一批。城乡居民基本医疗保险、大病保险、医疗救助对建档立卡贫困人口全覆盖。全面推进低保线、贫困线"两线合一"，对完全或部分丧失劳动能力的贫困人口基本实现社会保障兜底。

二是基本医疗养老保障进一步强化。为确保建档立卡贫困人口100%参加城乡居民基本医疗保险（含大病保险）和城乡居民基本养老保险，各地采取了财政兜底的方式，将无力缴纳保费人员全部纳入医疗、养老的兜底保障范围。全面落实健康脱贫救助政策和建档立卡贫困人员医保待遇倾斜政策，对建档立卡贫困人员实行先诊疗后付费，全面开展分类救治"三个一批"工作，农村贫困人口家庭医生签约服务得到大力推广。

三是就业脱贫工作得到进一步推进。首先，开展农村实用技术培训。围绕人口较少民族聚居区产业发展的特点，对人口较少民族贫困村从事农业生产的劳动力，重点开展种植、养殖等农村实用技术免费培训，贫困户中的劳动力至少掌握1～2项实用技术。其次，劳动力转移就业。以就业创业为导向，重点针对18～45岁的人口较少民族劳动力，分乡镇、分村寨、分民族实施分阶段、分批次的劳动力转移就业计划。最后，完善县、乡两级农村劳动力创业服务平台体系，引导就地务工和向县外输出劳动力，对人口较少民族贫困家庭劳动力跨省、跨境务工给予交通补助。

### （三）少数民族群众人居环境不断改善

一是农村生产生活条件不断改善。首先，大力实施道路硬化、农村饮水安全巩固提升、公共活动场所建设、电力、通信和卫生室等设施建设。其次，全力推进易地扶贫搬迁和农村危房改造，确保农村群众有安全稳固住房。最后，以建档立卡危房户为重点，以消除C级和D级危房户为目标，采取易地搬迁与就地重建相结合的举措，高效推进民房建设，群众的生活质量明显改善。

二是移民新村得到科学规划。对易地搬迁集中安置的民房，坚持靠近交通干线、集镇和生产基地，采取统一政策号令指挥、统一资金使用监管、统一责任清单、统一规划设计、统一建筑风貌、统一扶持标准、统一报建审批、统一施工单位、统一质量监理、统一干预市场价格“十个统一”举措，确保规划、设计、征地、地勘、用地、施工环环紧扣、高效联动。

三是社会和谐稳定局面不断巩固。坚持党的宗教政策。依法管理宗教事务，深入基层宣传邪教组织对社会的危害性，强化了人民群众的价值观念和是非观念，坚决打击各种敌对势力的分化、渗透和破坏活动，净化了社会环境，继续巩固“无邪教乡”和“无毒乡”的成果，维护了边疆安宁和社会稳定。

## 三、生态红利全面释放，群众生活质量提升显著

在推进精准脱贫过程中，各地牢固树立“绿水青山就是金山银山”的发

展理念，坚决摒弃守着青山绿水苦熬的思想观念，在绿水青山转变为群众脱贫致富的金山银山上谋思路、找路子，把生态优势转变为脱贫优势、发展优势和致富优势。

一是践行绿色环保获得新成效。各地坚持污染防治和生态修复并举，坚持绿色发展。首先，全面推行“河长制”工作，成立到乡镇级“河长制”工作领导小组、制定到乡镇全面推行“河长制”工作方案，出台到乡镇全面推行“河长制”行动计划、相关配套制度。其次，强化宣传报道，进村入户，集思广益，拉开全民治水大帷幕，查源头、排问题、列清单，乡、村、组联动开展治理工作，建立健全考核问责机制，按照治理方案积极推进整治工作，为环保工作助力。最后，加强大气、水、土壤日常巡查和监测，太阳能、液化气等清洁能源使用范围逐步扩大，环境空气质量优良率达标。

二是优化人居环境迈出新步伐。坚持实施“净化、美化、绿化、亮化”工程，人居环境不断优化提升。首先，改厕。人口较少民族均实现自然村有公厕，集镇至少有一个旅游公厕。其次，清洁水源。各地加强集中式饮用水源建设，推进城乡一体化供水，对所有集中式饮用水源地实行依法管理。再次，清洁田园。加大落实农膜回收工作方面，同时倡导秸秆还田习惯。最后，清洁家园。民族村落环境综合整治项目不断得到落实，人们告别了以往“脏、乱、差”的历史。

三是生态脱贫有序推进。首先，实施退耕还林工程带动困难群众脱贫。以新一轮退耕还林工程实施为契机，拓宽林业领域的就业和增收空间，多渠道增加贫困农户的涉林收入，助推林业精准扶贫见实效。其次，森林管护创造就业机会进一步开展。林业扶贫的特色就是进一步扩大贫困户参与天然林保护、公益林管护的覆盖面，提高劳务收入和受益水平，带动贫困人口“家门口脱贫”，同时，林区森林火险和盗伐林木案件明显降低。最后，林业特色产业扶贫不断深入。明确“造血”比“输血”更加可贵的意识，积极指导贫困户发展适宜种植的经济林、珍贵用材林，以“增绿”促增收，主要包括推广种植珍贵用材林、推进速生用材林建设、实施林下养殖养蜂试点项目等。

## 四、返贫防控体系不断强化，脱贫质量巩固提升显著

决胜期，西南人口较少民族地区充分调动专项扶贫、行业扶贫、社会扶贫等各方力量参与到精准脱贫中，努力构建政府、社会、市场协同推进的大扶贫格局，逐步形成跨地区、跨部门、全社会共同参与的多元主体的社会扶贫体系。

一是党政脱贫攻坚的主体责任得到全面落实。首先，各地充分发挥党委政府整体谋划、统筹协调、顶层设计、具体实施和监督指导的作用，并层层签订脱贫攻坚责任状，依托改革创新思路方法，听从民意精准施策，加大力度执纪问责。其次，不断健全落实帮扶长效机制。全面落实“领导包村、干部帮户”定点挂钩扶贫工作长效机制，省（自治区）、市（州）、县挂包单位做到对脱贫户、在册贫困户全覆盖。最后，管理体制不断完善。各地县、乡、村全面加强了管理，并出台了各项考核、实施办法，为推进脱贫攻坚提供制度保障。例如，兰坪白族普米族自治县制定了《兰坪县党委和政府扶贫开发工作成效考核实施办法》《兰坪县开展扶贫开发目标、任务、资金、权责到县工作实施办法》《兰坪县涉农资金统筹整合使用实施方案》《兰坪县驻村扶贫工作队管理办法》《兰坪县“挂包帮”工作职责》等办法。

二是基层组织战斗堡垒作用得以全面发挥。首先，通村“两委”换届，选优配强贫困村“两委”干部，人口较少民族村寨均派驻村扶贫工作队、派任行政村党总支第一书记。其次，深入开展党建、禁毒、脱贫攻坚“三推进”，在精准脱贫中注重将农村优秀党员培养成致富能手，将群众中的致富能手培养成党员，脱贫致富骨干力量不断壮大，党员“双带”能力明显提升。最后，村级集体经济得到发展壮大。按照贫困村50万元/村、非贫困村（社区）30万元/村标准，各地整合资金作为行政村村级集体经济发展基金，切实解决村级集体经济“空壳”难题。

三是对口帮扶扎实深入。首先，全面动员和凝聚全社会力量广泛参与，坚持专项扶贫、行业扶贫、社会扶贫等多方力量、多种举措有机结合和互为支撑的“三位一体”大扶贫格局，推进落实东西部扶贫协作、定点扶贫机

制。其次，创新实施国企对口帮扶人口较少民族行动。例如，三峡集团整族帮扶景颇族、怒族、普米族；云南省烟草局（公司）对阿昌族进行整族帮扶，“幸福阿昌、烟草同行”誉满昌乡。最后，东西部扶贫协作有序推进，扶贫协作体制机制全面深化，携手奔小康的势头全面形成。例如，西双版纳芒市三台山乡勐丹村委会沪东娜村民小组，是一个德昂族聚居的村寨，于2005年从勐丹老寨搬迁到现址。2006年4月，经上海市民宗委牵头，由上海市基督教三自爱国运动委员会和上海市基督教教务委员会开展结对帮扶，为感恩上海市民宗委及社会各界人士的关心与支持帮助，故取村名为“沪东娜”。自实施上海对口帮扶项目以来，沪东娜村民小组的各项事业得到翻天覆地的变化，产业发展从单一化向多元化迈进，成为名副其实的上海帮扶项目受益村。

四是群众内生动力得到激发。首先，贫困群众“思想脱贫”得到引导。依托新闻媒体，把党和政府的大政方针、扶贫政策传递到村寨。发挥驻村扶贫工作队的作用，村“两委”班子带着行动，调动群众积极性，引导群众参与脱贫攻坚，推动贫困群众从“要我脱贫”向“我要脱贫”转变。其次，开展“自强、诚信、感恩”主题实践活动。挖掘、选树一批脱贫攻坚战中涌现出来的脱贫典型，让“身边人”带动“身边人”，贫困群众“自强不息、脱贫光荣、跟党走感党恩”和“我要脱贫”的意识进一步增强，“比学赶超”的浓厚氛围进一步形成。最后，发挥各族贫困群众在脱贫攻坚中的主体作用。坚持引导民族地区贫困群众参与村组扶贫开发规划和扶贫项目监督管理，充分调动其自我脱贫致富的积极性、主动性和创造性。

## 五、民族团结根基不断夯实，铸牢中华民族共同体意识提升显著

在推进精准脱贫进程中，西南人口较少民族地区紧紧围绕“各民族共同团结奋斗、共同繁荣发展”的民族工作主题，同时推进各项民族工作的开展，巩固和发展了平等、团结、互助、和谐的社会主义民族关系，为维护西

南地区民族团结、宗教和谐、经济发展、社会稳定做出积极贡献。

### （一）党的民族宗教理论政策得到大众化宣传

一是通过系统的宣传，党的民族理论政策和法律法规、民族基本知识得到广泛宣传，广大干部群众进一步了解了党和国家的民族政策和法律法规，使“三个离不开”思想更加深入人心。

二是开展国家宗教民族政策相关法律法规的培训工作，开展少数民族干部、农村实用技术等各类培训，民族理论、政策法规得到进一步宣传，知晓率得到提高。

三是充分利用民族团结月、赶集日、民族节日等开展民族团结宣传教育活动，发放民文版法律法规宣传读本和宣传小册子；利用电视、互联网广泛宣传民族团结政策、报道各地在民族团结工作中涌现出的新人新事，传播正能量、弘扬主旋律。活动期间开展大量群众喜闻乐见的宣传和文娱、体育活动，让群众切实感觉到党的民族政策发生在身边，民族工作开展在身边，促进民族工作在基层及群众间的无缝对接，促使广大群众直接或间接参与民族工作，促进民族工作社会化。

### （二）少数民族生产生活条件不断得到改善

一是深入推进民族团结进步边疆繁荣稳定示范区建设，扎实开展示范区“十县百乡千村万户示范创建工程”、扶持人口较少民族整村推进、兴边富民工程、改善沿边群众生产生活条件三年行动计划等项目工作。民族团结进步示范乡镇、示范村和特色村寨创建工程取得了良好的示范辐射作用。

二是少数民族群众生产生活条件明显改善，以村内道路为主的基础设施建设得到加强，以种养业为主的增收产业得到培植和壮大，以科技培训为主的农村劳动者素质有所提高，自我发展能力持续增强，群众生活水平不断提高。

三是坚持“团结、教育、疏导、化解”的方针，各地定期或不定期深入宗教活动场所调查了解情况，及时开展矛盾纠纷排查调处工作，将影响民族团结和宗教领域和谐的不稳定、不和谐因素化解在基层。

### （三）民族团结目标管理责任制得到落实

一是健全示范区建设工作领导机构，明确工作职责，并对落实情况开展督促检查。

二是强化专题调研，深入查找民族团结示范区建设过程中存在的困难问题，及时研究出台对策措施加以解决，人口较少民族发展资金使用效益得到最大化的发挥。

三是抓好少数民族传统文化的保护和传承工作。例如，云南省陇川县实施完成了《陇川县五种世居少数民族传统文化资料数据库的建立及民族民间文化培训》《陇川县景颇“龙尚”民俗文化保护和景颇历史文学出版调研》《德宏州陇川县护国乡双语科普试点》等多个少数民族文化项目。

四是认真开展民族团结教育工作，将民族团结课程作为地方课程列入学校课时计划，引导中小学开展民族团结教育示范学校创建工作，中华民族共同体意识进一步铸牢。

### （四）宗教事务得到依法管理

一是与宗教活动场所签订目标工作责任书，督促开展好 “无邪教宗教活动场所”创建活动。

二是积极开展党的宗教政策、法律法规等各类专题培训，每年对宗教教职人员开展专题培训。

三是认真开展防渗反渗工作，配合政法、公安等部门对非法宗教进行打击，严防境外非法宗教势力的渗透，打击非法传教。

## 六、民族文化不断发展，群众文明素质提升显著

文化是一个民族的灵魂，西南人口较少民族绝大部分是没有自己文字的民族，但是各民族的民俗文化、民间歌舞、民族文学丰富多彩、光辉灿烂，主要有建筑文化、服饰文化、饮食文化、竹文化、宗教文化、医药文化、节庆文化、鼓文化、茶文化等。在推进精准脱贫中，西南人口较少民族注重挖掘其经济价值，使民族文化得到前所未有发展。

### （一）乡村文化事业迅速发展

一是文化基础建设得到加强。首先，为加强基础建设、巩固文化阵地，人口较少民族地区各自然村均建立了党员文化活动室，可以开展日常的文化活动。其次，配备和添置了文化活动用品及体育健身器材和健身设备，开放了图书室、放映室、老年文化活动室，乡一级范围内实现了广播电视“村村通”，为少数民族开展文化表演、体验提供了舞台。最后，注重从农民群众中选拔出热爱文体活动、经济条件较好的家庭，作为农村宣传文化体育中心户，成为乡文化站和村文化室的自然延伸。

二是文化活动蓬勃开展。首先，坚持先进文化的前进方向，坚持寓教于文、寓教于艺、寓教于乐，引导群众自觉接受社会主义核心价值观，在潜移默化中培育群众美好心灵、纯洁情操、高尚人品。其次，为营造民族团结、和谐的文化氛围，各地结合实际，积极开展一些群众喜闻乐见的文化活动，让各少数民族同胞都参与进来，弘扬和传承了少数民族文化。例如，三台山德昂族乡组织了“德昂族浇花节暨泼水活动”“景颇水酒大赛”等活动。这些贴近生活、具有实践意义的趣味比赛，真正达到了“文化乐民、文化育民、文化富民”的目的。

三是群众文化显现生机。首先，有的地方的群众自发组织起来，唱歌跳舞，村级文化活动开始发展。例如，三台山德昂族乡成立了出冬瓜村水鼓舞队、勐丹村老年妇女文艺队和帮囊象脚鼓队。其次，做好各类文化艺术培训。各地在中小学校成立少年舞蹈队和少儿艺术团，在乡政府成立机关文艺队，在部分有条件的村成立农民业余文艺演出队或民间职业表演团，并编排出精品文艺节目。最后，农民自办文化得到鼓励和扶持，成为新时代农村文化生活的重要形式和公办文化的重要补充。

### （二）民族文化发展焕发新活力

一是民族文化得到弘扬。首先，以传统民族节日为抓手，整合各个村寨开展具有鲜明民族特色的文化活动，打造特色民族文化品牌。例如，基诺族以“基诺民间传统手工艺刺绣展演”为契机，开展手工艺刺绣比赛、基诺服饰展演，展示特色手工艺品，并成立巴朵民间传统手工刺绣专业合作社、巴坡制作大鼓及手工艺品专业合作社，以发展特色手工艺品助力群众增收致富。其次，以民族节日为媒介，提升民族文化品牌价值。例如，基诺族以三届“攸乐古茶文化节”为媒介，引进多家茶企业参与合作发展，用提升攸乐茶品牌价值推动农民增收脱贫。

二是少数民族非物质文化遗产保护与传承工作不断推进。首先，各地从本民族实际出发，深挖非物质文化遗产项目以及非物质文化遗产项目代表性传承人。例如，三台山德昂族乡加大对非物质文化遗产的保护和传承力度，大力培养新一代年轻的德昂文化传承人，每年挖掘一个项目、一批传承人。收集和整理德昂族古歌，寻找德昂民间歌手和民间艺人传唱德昂古歌，促进德昂古歌文化发展。其次，收集整理民族民间文化推动文化产业发展壮大。例如，基诺族以基诺民族歌舞、民间乐器的收集整理推动民族文化保护与传承，并积极参加全国、全省各地的文化节目，《基诺族大鼓舞》经国务院批准列入第一批国家级非遗保护名录；基诺族古歌《奇科阿咪》在2015年全国第七届村歌大赛中荣获5大奖项；基诺大鼓舞传承人何桂英被列为国家级传承人。

三是民族文化与人居环境相融合进一步提升。在推进精准脱贫的同时，各地注重将本民族独特的传统文化与现代文化相结合，具有独特民族特色的村落不断涌现。例如，三台山德昂族乡把德昂族文化的挖掘、传承、保护与现代文明相结合，规划1000亩丘陵地打造出别具一格的德昂古寨村落，探索出一条以民族文化带动经济社会发展的道路。

### （三）民族文化产业得到提质发展

一是充分发挥丰富的民族文化资源优势。注重把文化产业作为一个新兴产业来培育，大力发展以文化旅游业为龙头的第三产业。例如，广西罗城仫佬族自治县深入挖掘民族文化和于成龙廉政文化资源，恢复建设罗城老县衙旧址，保护和开发电视剧《于成龙》取景拍摄地大勒洞及周边旧民居，推动文化产业和旅游业的深度融合发展，加强文化遗产保护与传承，筹建仫佬族研究所，创作、提升一批具有地域特色、深受群众喜爱的民族优秀作品，精心策划“仫佬千年·秀美罗城”——第三届中国仫佬族依饭文化节活动。

二是民族文化与旅游产业相结合进一步深入。围绕民族文化旅游发展规划，重点推动民族文化与旅游相结合。例如，广西环江毛南族自治县于2017年5月28日至5月30日，举办广西环江·毛南族分龙节暨第二届世界自然遗产文化旅游节，把旅游扶贫工作推向新的高潮。

三是文化扶贫取得新成效。坚持文化惠民与推进脱贫攻坚相结合，以文化活力助推脱贫攻坚。例如，基诺族通过举办基诺民族风味美食赛活动、编撰《基诺食谱》等，展示基诺民族的饮食文化，鼓励农民兴办特色农家乐，以打造基诺美食文化助力群众拓宽增收路子。基诺族还完成探寻“攸乐”同知城墙的调研工作，并撰写可行性历史变迁文稿报告提供给基诺民族博物馆使用，以促进文化旅游。

第五章

# “五个坚持”：西南地区人口较少民族精准脱贫的基本经验

西南地区人口较少民族地区围绕“找出最贫困群众”这一核心，坚持问题导向和目标导向，实施精准扶贫精准脱贫基本方略，抓实“六个精准”，突出“五个一批”的主要脱贫举措，锁定对象、分类施策，挂图作战、加快推进，全面打响了脱贫攻坚战，取得了显著的成就。在任务艰巨而时间紧迫的脱贫攻坚战中，西南地区人口较少民族的干部带领群众积极探索、勇于担当、努力实践，积累了五个宝贵的经验。

## 一、坚持以“一个都不能少”的气魄谋划整族脱贫

进入决胜全面建成小康社会的新阶段，党中央、国务院把打赢脱贫攻坚战作为实现全面建成小康社会的重大战略举措。2015年1月，习近平总书记在云南省调研时指出“决不能让困难地区和困难群众掉队”，作出了“决不让一个兄弟民族掉队”的庄严承诺。西南人口较少民族地区牢记总书记的嘱托，紧跟党中央的部署，以“一个都不能少”的气魄鼓舞斗志、攻坚克难，推进人口较少民族整族脱贫。

### （一）充分认识人口较少民族精准脱贫的重大意义

精准扶贫是以习近平同志为核心的党中央领导全国人民反贫困斗争的一个伟大创举。2013年11月，习近平总书记在湘西考察时指出：要实事求是、因地制宜、分类指导、精准扶贫，同时还强调“发展是甩掉贫困帽子的总办法”，吹响了精准扶贫的号角。西南人口较少民族地区各级领导干部认真学习领会习近平总书记关于“精准脱贫”的重要论述，把它纳入班子领导扶贫工作的全过程，充分认识到人口较少民族地区相比其他民族地区的脱贫攻坚来说难度更大、啃的骨头更硬、过坎更多、任务更艰巨；人口较少民族地区的脱贫攻坚工作不能掉队，不能拖全国实现小康的后腿；尤其是通过“不忘

初心、牢记使命”的教育，更加增强了脱贫攻坚的政治感、责任感和使命感，把脱贫攻坚作为“十三五”时期最大的政治任务、最大的民心工程、最能展现的初心和使命。西南人口较少民族地区各级领导干部脱贫攻坚的实践表明，从治国理政、全面实现小康、实现中华民族伟大复兴的高度充分认识精准扶贫的重大意义，是抓好精准扶贫、打赢脱贫攻坚战的前提和思想保证。例如，为了让德宏傣族景颇族自治州陇川县勐约乡广瓦村委温泉小组顺利脱贫，云南省实行省级、县级、乡级领导联系挂钩、部门驻村、干部对应帮扶的工作制度，严格落实目标责任制。省政府领导亲自挂帅，切实做好扶贫建设项目的督促落实。详见专栏15。

→ 专栏 15

**云南省高站位对景颇族开展精准脱贫情况**

省级包村领导：陈豪（时任省人民政府省长，后为省委书记，现已离任）

县级包村领导：李正环（县委书记）

乡级包村领导：王学刚（乡党委书记）

村级包村领导：石章红（广瓦村村支书、村委会主任）

县级包村单位：县委办公室

---

### （二）秉持“少数民族一个都不能少”的初心使命，落实主体责任

2018年2月12日，习近平总书记在打好精准脱贫攻坚战座谈会上的讲话中指出，脱贫攻坚，加强领导是根本。必须坚持发挥各级党委总揽全局、协调各方的作用，落实脱贫攻坚一把手负责制、省市县乡村五级书记一起抓，为脱贫攻坚提供坚强政治保证。这告诉我们打赢脱贫攻坚战的根本在于加强领导，落实责任制，具体在于党委总揽全局、协调各方，在于落实一把手负责制、五级书记一起抓。这就是为脱贫攻坚提供坚强政治保证，这就是我们党能集中力量办大事的政治优势。因为实施一把手负责制、五级书记一起抓的

领导机制，就可以带领党委总揽全局、协调各方，破解脱贫攻坚中的难题。几年来，脱贫攻坚的经验已经证明：凡是党委重视、五级书记一起抓的领导负责制落实得好的贫困地方，脱贫攻坚就精准、举措多、工作实、步伐快、效果好；反之办法就少、工作就虚、步伐就慢、效果就差。

西南人口较少民族地区全面加强脱贫攻坚的组织领导，首先，坚持“一把手”负主体责任制，市（州）、县、乡、村四级书记一起抓的原则，“一把手”层层签责任状，明确和落实责任，切实担当起主体责任。其次，按照“市（州）统筹、县负责、乡村抓落实”的工作原则，建立三支队伍。例如，为帮扶独龙族脱贫，怒江傈僳族自治州建立了州级协调领导小组（由州委常委、州委组织部部长王刚为组长，以州人大副主任和志阳、州人民政府副州长娜阿塔、州政协秘书长赵振中为副组长）、县级领导小组（以贡山县委副书记、县委组织部部长赵在良为组长，以挂钩联系独龙江乡各村处级负责人为副组长）、独龙江整体提升工作队（以独龙江乡党委书记和进义为组长，以独龙江乡人民政府乡长孔玉才以及驻村扶贫工作队队长为副组长）。再次，担当作为“八到位”，做到一线指挥精准扶贫到位、帮扶氛围营造到位、环境优化提升到位、“两违”综合整治到位、典型打造宣传到位、组织考核检查督促到位、发动群众精准脱贫到位。

### （三）勇于挑起“少数民族群众脱贫，干部‘脱皮’”的责任担当

脱贫攻坚的各项政策、举措确定之后，干部就是决定的因素。西南人口较少民族地区党委高度重视干部的思想建设、纪律建设和作风建设。为此就把脱贫攻坚主战场作为锤炼干部作风的主战场，采取了强有力的组织措施和纪律保障，增强扶贫干部的政治自觉，提高政治站位，并从践行对党忠诚、执政为民、廉洁自律的高度，以铁的纪律锤炼扶贫干部作风。而在这场没有硝烟的战斗中，基层干部也勇于挑起“少数民族群众脱贫，干部‘脱皮’”的责任担当。例如，为了实现独龙族整族脱贫，帮扶主要领导对涉及的重大事项亲自安排、亲自部署、亲自协调、亲自检查，相关涉及部门和单位在人、财、物给予更多倾斜。另外，实行督查检查的常态化机制，围绕清单目录，一一督查检查。特别是把整改工作贯穿于各项工作的全过程，正视矛盾

和问题，对工作推进中的不足和短板，做到强化力量、迅速行动、及时整改、一抓到底。同时，做到问责处理到位。对在工作中作风散漫、主动积极不够、不敢担当、推诿扯皮、效率低下、工作成效不明显的，启动问责机制，该处分的处分，该降职的降职，让先进者得到表彰奖励，让后进者受到处分问责。总之，“群众脱贫，干部脱皮”、“5+2”（没有按法定休息日休息）、“白+黑”（没日没夜地干）、“雨加晴”、“用干部的辛苦指数换取人民的幸福指数”，就是奋战在脱贫攻坚最前线的干部群众弘扬“一个都不能少”气魄的真实写照。实践表明，以铁的纪律锤炼扶贫干部作风，才能使扶贫干部增强责任感和使命感，深入脱贫攻坚的实际，才能使他们深入贫困群众，精准扶贫，精准施策，激发贫困群众脱贫致富的内生动力和积极性，最终夺取脱贫攻坚战的全面胜利。

## 二、坚持以精准脱贫为统领，推动区域经济社会发展

西南人口较少民族地区坚持以区域脱贫为主战场，以整族帮扶整族脱贫为目标，扎实启动实施整乡推进整族帮扶“三年行动计划”和“后两年巩固提升”工程，以精准脱贫统领经济社会发展。

### （一）大力推进产业扶贫，促进区域经济高质量发展

西南人口较少民族地区精准扶贫的经验表明：要打赢脱贫攻坚战，必须把大力发展产业作为首位来抓。从实际出发，因地制宜，发挥本地资源优势，大力发展有特色的农副产品，销往市场，从而增加农民收入，这是实现精准扶贫的重要举措和路径。因为，大力发展产业，才可吸纳脱贫的农民群众就业。在发展产业中学到科学技术，在发展产业中增加收入，巩固和提高贫困户收入水平，有效降低返贫和相对贫困状况出现的可能性。为此，西南人口较少民族地区精准扶贫的做法和经验有以下四个方面。

一要坚持从实际出发，因地制宜，采取“短平快”和“长久远”相结合的方针。即要立足现实、面向长远，根据当地资源状况，先大力发展原有产业，同时又发挥优势，开发市场需求大、前景好的特色产业。发展和巩固

“短平快”的项目，如他们按照高产、优质、高效、生态、安全的要求，重点推进橡胶、茶叶、咖啡、澳洲坚果、辣木、食用菌、刺山药以及小耳猪、茶花鸡、土著鱼、野生动物驯养繁殖等特色产业发展。云南省人口较少民族大力发展生物林业，重点是建设环境友好型胶园和生态茶园，大力发展林药、林菌、林果、林菜、林禽、林畜等林下经济，大力推广种植紫檀、花梨、柚木、沉香等珍贵树种。同时，建设扶贫车间，发展加工业、物流、劳务业，等等。

二要采取“公司+合作社+基地+农户”“公司+基地+农户”“公司+农户”等多种模式，推进“资源变资本、资金变股金、农民变股东”的“三变”模式，使公司与集体经济、农民的利益紧密联系起来，农产品通过公司走向市场，集体经济得到扩大，农民收入、素质、能力得到提高，既实现公司、合作社、集体经济、农民四赢，又可为“产业兴旺”和后续的可持续脱贫致富、解决可能出现的相对贫困问题提供可靠的经营模式和坚实基础。

三要在农产品的深加工上下功夫，以延长扶贫产业链，提升产品附加值，实现提质增效，使之成为可持续脱贫致富、解决相对贫困的长远保障。

四要注重打造田园综合体，构建区域产业脱贫新格局，突出抓好生产、生活、生态“三生”，打造农业、加工业和服务业“三业”，做好农业、农村、农民的“三农”工作，最终实现产业兴旺、集体有益、农民富裕，在根本解决“两不愁三保障”的基础上，实现脱贫致富的可持续。

### （二）大力实施易地扶贫搬迁，优化各民族的生活环境

西南人口较少民族地区的特困群众，一般都是居住在石漠化严重、土地贫瘠、缺水干旱严重，“一方水土养不活一方人”的地方，对这类地方的贫困群众，采取易地搬迁扶贫举措是最佳选择。西南人口较少民族地区各级精准扶贫工作，就是根据政策条件精准识别，对符合条件的实施易地搬迁扶贫。他们坚持群众自愿原则，积极引导生存环境恶劣和缺乏发展条件的贫困村群众采取多种形式实施扶贫搬迁。加大政策支持和投入力度，完善配套公共服务设施，把发展特色产业与移民搬迁相结合，着力打造“产业建设+就业安置+基本公共服务+便民服务同步”配套推进的易地扶贫搬迁模式，不断

优化各民族的生活、生产环境，切实解决好搬迁户的后续发展问题，全程确保群众搬得出、稳得住、能致富。

### （三）大力发展教育事业，提高各民族的文明素质

西南人口较少民族地区根据人口较少民族的特殊情况，有针对性地发展教育，使人口较少民族子女得到应有的教育，茁壮成长，以消除贫困的代际传递；对于人口较少民族的成人教育，则认真实施技能培训，努力培养可持续致富和推进乡村振兴、文明建设的一代新人。他们的经验如下：

一是要尽快改善人口较少民族贫困地区的办学条件，办好学前教育、普及初高中教育，巩固提高“两基攻坚”成果，立足农村具体实际，优化调整校点布局，全面提升农村教育教学质量，促进义务教育均衡发展。全面落实好九年义务教育免费政策和高中阶段国家助学政策，逐步提高义务教育阶段家庭经济困难寄宿生生活费补助标准。让贫困农村孩子享有公平而有质量的教育，以消除贫困的代际传递，解决扶贫的扶志、扶智的基础性问题。

二是要大力实施技能培训，对人口较少民族贫困劳动者开展职业教育、创业培训、实用技术培训，使他们每人掌握1～2门有一定科技含量的农业生产技术或劳务技能，激发和提高其劳动致富的内生动力和劳动技能。围绕旅游、种植、养殖、农产品加工等产业发展需要，培训推动农村经济社会发展的乡土人才，促进职业教育与产业发展、转移就业紧密结合。

三是要加强贫困农村的社会主义道德建设，传承劳动光荣、尊老爱幼、尊师重教、男女平等、团结互助、和谐共处的传统美德和社会风尚，以克服“等靠要”的惰性思想和行为，解决亲情乡情缺失、人与人信任危机等问题，提升贫困乡村农民群众的整体文明素质。

四是要坚持深入开展乡村移风易俗行动。要以社会主义核心价值观、中国梦、中华优秀传统文化、感恩祖国感恩党、自强不息等为主题，结合实际制定正能量的村规民约，潜移默化引导贫困群众特别是部分“懒汉”式贫困群体，自觉承担家庭责任、树立良好家风、继承传统美德。引导群众自觉抵制婚丧嫁娶大操大办、高价彩礼、盲目攀比等陈规陋习，构建乡风文明、邻里和谐的乡村文化环境。要以天人合一、尊重自然、和谐共生为核心构建新

型的乡邻文化，使乡村成为有灵魂的人文与生态和谐的文明家园。通过这些举措，使贫困群众的思想观念发生转变，生产能力得到提高，脱贫就成为结果，可持续致富就成为必然。

### （四）加强基础设施，推动区域可持续发展

以建硬化路、通水电和广播电视特别是信息网络为主要内容的基础设施、公共服务设施建设，是贫困农民最迫切的愿望和期待，也是实现高质量脱贫、巩固脱贫成果和区域经济可持续发展的必要的基础性条件。为此，西南人口较少民族地区十分重视建设和维护好基础设施，把它作为实现、巩固精准脱贫成果和后续发展的重要举措来抓。一是构建县、乡（镇）、村脱贫攻坚基础设施建设的“一体化”领导和联动机制，把这一问题纳入脱贫攻坚主体责任范围，切实做到有领导、有政策、有资金、有人抓落实。二是资金上保障，确保有资金支撑和落到实处，这是解决基础设施建设问题的关键。三是落实责任制，使基础设施建设无论是路、电、网络，还是水利、饮水安全等，经常有人巡查，有问题及时汇报，落实人员解决。四是加强管护人员的培训，掌握基础知识和技能，以胜任巡查工作，大的问题汇报解决，小问题组织农民群众解决或者自己组织人员解决。从而使路网交通顺畅，电常通，网络信息常联，电视新闻常看，水利饮水安全保障，为脱贫攻坚战不仅打赢，而且打得顺畅、打得高质量、打得好提供必要的基础条件和保障。

### （五）大力发展集体经济，巩固和共享脱贫成果

西南人口较少民族地区的经验告诉我们，虽然目前的集体经济还很薄弱，是脱贫攻坚的一个短板，但必须想办法将集体经济发展起来。他们当中有的村寨的集体经济发展得比较快和好，其经验：一是要有强而有力的村“两委”领导班子，尤其是党支部书记，要有公心、多办法、善领导、勇担当，这是关键；二是要善于把上级调拨的发展产业的基金和积累的资金真正用在扶贫产业上；三是要盘活土地，成立合作社，从根本上化解集体所有制虚化的难题；四是要选好发展的产业，采取因地制宜、宜工则工、宜农则农的多元发展模式，大力发展本地有特色的产业，销往市场；五是要采取“合作社+基地+农户”的经营模式，经营所得收益按照比例进行分红，做到村集

体、村民、合作社三方共赢，三方利益协调好了，三者的积极性就能充分调动起来，可大大提高凝聚力，使获得感、致富感、和谐感、幸福感、奋进感大大增强。显然，发展集体经济，是稳增长、抗风险、走市场、稳收入，巩固脱成果，确保脱贫致富和解决2020年后的相对贫困的重要路径之一，也是实现乡村振兴、可持续发展的有效路径。

## 三、坚持弘扬“石榴籽精神”，创新国企帮扶路径

民族地区的脱贫工作实际上也就是民族工作。2014年5月28日，习近平总书记在第二次中央新疆工作座谈会上发表的重要讲话中指出，各民族要相互了解、相互尊重、相互包容、相互欣赏、相互学习、相互帮助，像石榴籽那样紧紧抱在一起。此后在多个场合总书记用到了“石榴籽”比喻，特别是在党的十九大报告中谈到民族关系时，总书记又用到“石榴籽”作比喻。用“石榴籽”比喻我国民族关系可谓形象、生动、真切！为做好新时代的民族工作指明了方向。无论是历史上还是现阶段，我国各个民族都不是独立存在的，而是如同石榴籽一般，紧紧交融在一起，彼此有紧密的交集，你中有我、我中有你，在共同的交流融合中和谐共生，彼此之间如同相嵌交融、和谐共生的石榴籽。西南地区人口较少民族在精准脱贫中正是弘扬“石榴籽精神”，创新社会帮扶模式，走出了一条具有特色的“一个民族一个行动计划”“一个民族一个集团帮扶”的脱贫攻坚路子。而在轰轰烈烈的对口帮扶中，通过资源大整合、央企大帮扶、群众大参与，党的民族政策润泽了各民族之花，各民族和帮扶人员及各民族之间的心更加紧密地结合在一起。

### （一）国企与政府协作扶贫，形成大扶贫格局

主要是要从顶层设计的角度安排实力强大的国企对口帮扶人口较少民族，例如，云南省积极协同三峡集团、华能集团、大唐集团、云南中烟公司、云南省烟草专卖局（公司）5家企业履行社会责任，帮扶布朗族、阿昌族、怒族、普米族、景颇族等5个人口较少民族和拉祜族、佤族、傈僳族等3个“直过民族”精准脱贫，覆盖丽江、保山、普洱、临沧、楚雄、怒江、德

宏、迪庆8个市州43万贫困人口脱贫。其中三峡集团对怒族、普米族、景颇族3个人口较少民族开展整族帮扶，单单对兰坪白族普米族自治县的普米族和怒族，三峡集团就投入资金3.2亿元，帮扶25个普米族怒族聚居村（含227个自然村），惠及3.89万建档立卡贫困人口。

**（二）统筹推进，切实加强组织领导**

云南省与5家企业集团成立了协调推进机构，建立完善了精准扶贫、合力推进等工作机制，并明确州市对各县市年度帮扶方案进行审批，加强督查和监管。同时强化县级主体责任，实行监督和跟踪推进制度。各县也及时成立了强而有力的协调机构，例如，兰坪白族普米族自治县成立了县委、县政府主要领导为组长的“双组长”领导机构，并多次召开县委常委会、县政府常务会研究部署帮扶工作，县委、县政府主要领导定期到“直过民族”、人口较少民族聚居村查实情、解难题。聚居村党员干部“挂包帮”实现全覆盖。根据聚居村建档立卡户致贫原因，实施定人员、定任务、定责任、定目标、定时限“五定”工作法，形成了党政主导、目标倒逼、挂图作战的帮扶工作机制。

**（三）坚持精准务实，创新扶贫模式**

5家企业集团充分借助自身力量和资源，进一步探索集团帮扶“直过民族”地区和人口较少民族地区实现旅游扶贫、就业扶贫、教育扶贫等新途径，走出了一条“分类指导、因族施策”的宝贵经验。例如，兰坪白族普米族自治县研究制定《2016年三峡集团帮扶兰坪县普米族、怒族精准脱贫攻坚实施方案》，明确基础设施、产业发展、安居工程等项目建设，结合聚居区气候环境，因地制宜发展富民产业，怒族、傈僳族聚居的沿江乡镇主要发展红米、水果、生猪等产业，普米族聚居的山区乡镇主要发展高山优质杂粮、中药材、草食畜牧业等产业，探索实施“借母还仔、滚动发展”的产业扶贫模式，将能繁育母畜分配给贫困户养殖，待产仔后留下30%的比例予以鼓励，能繁育母畜再分配给其他贫困户。

**（四）坚持规范高效，强化项目资金管理**

结合云南省与企业集团签订的帮扶资金拨付管理协议，5家企业集团进一步强化县级管理帮扶资金主体责任，州（市）县制定完善了帮扶资金管理措施，落实县级财政专户管理，建立县级帮扶资金项目库，实行帮扶资金差异化补助，让贫困群众受益脱贫。例如，兰坪白族普米族自治县始终把强化项目资金管理作为集团帮扶工作的重中之重，制定出台《兰坪县财政专项扶贫资金管理办法》，为保障资金、项目、干部“三安全”，全面实行专户储存、专账管理、专人管理、专款专用“四项机制”，并在项目实施全过程，建立上级监督、集团监督、部门监督、纪检审计监督和社会监督“五道防线”，有效保证资金安全，严把工程质量关，确保项目建设经得起历史和人民的检验。

### （五）搭建平台，促进民族交往交流交融

一方面，宣传引导，切实转变群众观念。深入宣传中央和省（自治区）、州（市）脱贫攻坚决策部署、政策举措，加强对企业集团帮扶人口较少民族的重要意义、历史背景和工作情况的宣传，引导聚居区群众知恩、懂恩，依靠国家政策和集团帮扶，发扬自力更生、艰苦奋斗精神，不断激发贫困群众内生动力，增强贫困群众“造血式”脱贫。另一方面，通过发展产业，创造就业机会，来自各民族的员工在同一产业园里工作，在日常工作和生活中，他们有更多机会了解不同民族的文化习俗，这就慢慢破除他们根深蒂固的“我族中心主义”，同时就培养出“文化相对主义”的理念，民族团结也就得以进一步增强。

## 四、坚持弘扬“泥土精神”，筑牢基层堡垒

习近平总书记说过，“脚下有多少泥土，心中就沉淀多少真情。工作队和驻村干部要一心扑在扶贫开发工作上，强化责任要求，有效发挥作用”。[①] 西南地区人口较少民族精准脱贫的经验表明，要打赢脱贫攻坚战，巩固拓展脱贫攻坚与乡村振兴有效衔接，必须抓好基层组织建设。因为脱贫攻

① 中共中央党史和文献研究院：《习近平扶贫论述摘编》，中央文献出版社2018年版，第37页。

坚的各种方针、政策和举措要在农村真正落实，靠的是基层组织，靠的是村“两委”尤其是村党组织的引领带动作用。

### （一）充分发挥基层组织的引领带动作用

一是要加强基层组织建设尤其是党支部的建设，特别是要培养选配好党支部书记（第一书记）这一领头人，发挥先锋、引领、带动、聚合农民群众巩固脱贫成果、可持续发展的战斗堡垒作用；二是聚焦“核心”，实施引领带动工程。采取强村带弱村、支部带党员、党员带群众、能人带贫困户“四个带动”帮扶模式，结成“以强带弱”“以富带贫”帮扶，培育“致富型”支部、“产业型”党组织；三是聚焦“产业”，扩展党组织在产业选择、产业稳富、产业链（带、片区、接边区域、工业园区）的引领作用，实现产业和产业链上有党支部，产业岗位上有共产党员，强化“党组织一引三带”（支部引领、支书带头、党员带富、能人带动）功能；四是坚持推行乡镇党建工作站，构建乡镇党委—党建工作站—村（社区）党组织三级网络组织体系，为打赢脱贫攻坚战、巩固脱贫成果和解决相对贫困、实现可持续发展提供坚强的组织协同保障。

### （二）加强对基层监管治理

首先，要建立动态跟踪的实时预警机制。实时预警的前提是精准收集信息，通过包户责任人和基层党建“网格员”定期入户走访，采取个人申报、系统比对、第三方评价，把预警信息收集起来进行分析，为动态监管打下精准基础。其次，要随时关注动态变化，对脱贫户的生产、收入、生活状况的变化予以随时掌握，将因收入降低、疫情灾害、突发事件等因素容易导致返贫的部分人群纳入预警的范围。最后，要突出重点、分类管理，先设定预警级别，对脱贫户分三个等级，实行分级防控的举措。要建立完善风险评估体系和运行机制，包户责任人和基层组织、群众代表组成评估小组，按照风险等级评估程序组织评议，然后将评估结果和预警信息上报乡镇（街道）扶贫站进行综合评审，最终公示，实施分类救助。

### （三）秉持从严压实党建责任的理念

首先，落实责任是基础。脱贫攻坚工作，落点在基层，关键靠基层，基层党组织能否充分发挥引领脱贫致富中的带动作用，对打赢脱贫攻坚战至关重要。因此，要按照“围绕发展抓党建、抓好党建促发展”的党建总体思路，坚持“书记抓、抓书记”和“用责任制管好责任人，以责任人带好一班人，以一班人盘活一盘棋”的正确用人导向，压实党组织书记“抓党建促发展”主体责任，改变党建工作与经济工作“两张皮”现象，以党建实效带动脱贫致富。

其次，建强组织是保障。实践证明，凡是致富奔小康走在前列的，都有一个好的党支部，反过来，哪里的党组织软弱涣散，脱贫攻坚就会相对滞后。因此，必须实施“党建引领、增收致富”行动，探索推广“党支部+合作社”“党员中心户+协会”“一对一”结对帮扶等党建促发展工作模式，全面建强基层战斗堡垒，增强基层党组织自我发展功能和带领群众脱贫致富实力。

最后，党员引领是动力。抓党建促脱贫攻坚，党员干部的致富带动作用非常重要，如果得以充分发挥，就会成为帮扶到户、精准脱贫的强大牵引。西南人口较少民族地区扎实推行各级党员干部直接联系贫困村、贫困户工作机制，充分发挥联系第一书记等的作用，形成强大的示范辐射效应。

## 五、坚持群众的主体地位，激发贫困群众的内生动力

习近平总书记说过：坚持群众主体，激发内生动力。脱贫攻坚，群众动力是基础。必须坚持依靠人民群众，充分调动贫困群众积极性、主动性、创造性，坚持扶贫和扶志、扶智相结合，正确处理外部帮扶和贫困群众自身努力关系，培育贫困群众依靠自力更生实现脱贫致富意识，培养贫困群众发展生产和务工经商技能，组织、引导、支持贫困群众用自己辛勤劳动实现脱贫致富，用人民群众的内生动力支撑脱贫攻坚。[①]脱贫攻坚工作本质上是群众工作，要坚持“富脑袋”和“富口袋”并重，多从由内向外“扶”、从里到外“富”，既要解决好“志短”，又解决好“人穷”，激发脱贫攻坚内

① 中共中央党史和文献研究院：《习近平扶贫论述摘编》，中央文献出版社2018年版，第143页。

生动力。

### （一）要注重扶贫宣传工作

首先，要整合宣传力量，多载体多形式宣传，充分利用广播、电视、报刊、网络、短信平台、户外广告、公益电影宣传片，以及“扶贫大喇叭”“空中扶贫讲堂”等载体，通过教育培训、乡规民约、村民理事会等多种形式，开展移风易俗教育。其次，注重扶贫与扶智、扶志相结合，以“自强、诚信、感恩”主题教育活动为抓手，依托新时代讲习所宣讲平台，结合脱贫攻坚各项政策措施，认真开展“扶贫扶志”“三评三讲”、文艺会演、电影下乡等活动。其次，要组建宣讲团，用乡音和民族语言将党的十九大精神、脱贫攻坚政策宣传到户，让群众知晓政策。最后，要大力宣传扶贫政策措施和脱贫成效，宣传群众生活的新变化和获得感，宣传群众自力更生、艰苦奋斗的脱贫故事，激励贫困群众从“要我脱贫”向“我要脱贫”的思想转变。

### （二）要注重抓好群众工作

首先，切实加强群众工作，认真做好耐心细致的沟通、宣传、说服和解释、动员工作，让群众在贫困退出、项目分配等方面让群众有更多的参与权和知情权。其次，对以不正当手段获得扶贫政策待遇、骗取资金支持的，取消相应的政策待遇、资金支持，纠正群众“不以贫为耻，反以贫为荣”的错误思想，努力教育群众懂感恩、讲诚信，营造比学赶超、争先创优的浓厚氛围。最后，持续开展法治扶贫专项行动，通过集中教育和单独教育疏导，彻底扭转不良习气，提振贫困群众的“精气神”。

### （三）要注重转变扶贫方式

首先，落实“大干大支持，不干不支持”和“先干先补，不干不补”激励机制，积极采取以工代赈、生产奖补、劳务补助等方式，组织群众投工投劳，努力消除“干部干、群众看，坐等好处送上前”的现象，充分激发起贫困群众参与脱贫攻坚的主体作用。其次，发挥身边典型的示范带动作用，以身边人身边事教育引导广大群众勤劳致富，实现外部帮扶和内生动力的“双轮驱动”。最后，破除群众自卑心理，增强个人自信，通过驻村工作队和结对帮扶干部“一对一”“面对面”交流，引导群众破除自卑心理，鼓励他们看到自身优势，增强必胜信念，实现从“要我富”“帮我富”向“我要富”“我能富”转变。

### （四）要注重群众精神“补钙”

首先，坚决破除陈规陋习，弘扬社会主义核心价值观、中华优秀传统文化、自强不息等精神，通过潜移默化引导贫困群众特别是部分“懒汉”式贫困群体，自觉承担家庭责任、树立良好家风、继承传统美德。其次，开展扶贫表彰活动，树立先进典型。推出一批有深度、有温度、有力度的典型案例，构建脱贫攻坚精神硬支撑，每年开展脱贫先进典型评选活动，并在“10月17日国家贫困日”等重大节点公开表彰，现身说法，提振信心。最后，以脱贫致富的实效促成群众思想转变，只有看到精准扶贫的实际成效，才会让群众有最直观、最切实的感受，进而最大限度调动其脱贫致富的积极性和主动性。因此，要切实为群众谋取实际利益，不断增强贫困群众获得感。

# 第六章

# “七个突出”：
# 西南地区人口较少民族巩固拓展脱贫成果的难题分析

决胜期，西南地区人口较少民族精准脱贫虽然取得了一定的成效，但受自然条件恶劣、基础设施薄弱、社会发展滞后、优势资源未能有效开发等多重因素制约，贫困地区、贫困群众自我发展能力弱、扶贫帮扶难度大，2020年后巩固脱贫成果形势依然严峻。

## 一、地缘性贫困问题突出

一是区位条件限制发展问题突出。西南人口较少民族地区具有边疆、边境、山区、少数民族、直过区的特点，交通信息不便，脱贫基础条件差，山坝发展差距大，发展不平衡。一方面，由于受历史、自然、综合经济实力等因素影响，大部分农村贫困家庭经济基础薄弱，稳定脱贫能力低，容易因灾、因学、因病返贫；另一方面，由于具有漫长的国境线，许多村寨一定程度承载着稳边、固边的功能，在现实中有接壤国家的妇女和人口较少民族共同组建家庭，他们的生产生活已经融入中国农村家庭，共同创造、分担经济收入，但由于这些从他国嫁过来的妇女没有中国身份证，他们不能享受精准扶贫的所有政策红利，这更加重了这类贫困家族群众的贫困程度。

二是地理条件限制发展问题突出。西南地区13个人口较少民族中，除居住在广西防城港市东兴市的京族位于沿海，居住在云南省德宏傣族景颇族自治州的景颇族、阿昌族和德昂族位于坝区，发展环境比较好外，其余的毛南族、仫佬族主要居住在西南溶岩石漠化地区，独龙族、怒族、普米族、门巴族和珞巴族主要生活在高原高寒山区，布朗族和基诺族分布在高原热带山区，他们绝大部分面临生态环境脆弱、自然灾害频发、扶贫成本高昂等问题，出现整乡贫困、整村贫困和整族贫困现象，区域性贫困特别突出。例如，兰坪白族普米族自治县全县分为山区与澜沧江沿岸两大区域，普米族群众居住的大部分区域属于2000米以上高寒山区，自然条件和气候十分恶劣。由于海拔2000米以上的地区受风吹日晒和雨淋等自然现象的直接作用，土地风化、荒漠化问题突出，因此造成了普米族居住区域土地贫瘠、土层过薄、难以实施机械化耕种等，从而使当地群众发展农业生产面临极大的困难，要付出更大的努力才能保障最基本的温饱需要。

三是自然条件恶劣限制发展问题突出。西南人口较少民族所居住的溶岩石漠化地区或高寒山区地理条件差，特别是澜沧江沿岸山高坡陡、地形破碎、气候恶劣、土壤瘠薄，是造林绿化的“硬骨头”，更是生态建设的“攻坚战”，生态修复难度极大。例如，普米族群众大都居住在海拔2000米以上的高寒山区，恶劣的自然气候条件和薄弱的农业基础设施使当地发展农、林、畜、渔等产业面临很多困难。现有耕地面积6.3万亩，从造地上可分为台地与坡地，从水养程度上可分为水田与旱地。有水田0.03万亩、旱地6.27万亩，由于兰坪县2000米海拔区域农田水利化程度不高，加之山高坡陡，水源流量不稳定，当地雨养型农业程度很高，“靠天吃饭”现象突出，且存在着人地距离远、人力投入有限、人均耕地面积太少、人地矛盾突出、科技含量低等难题，全县普米族居住区广种薄收现象比较突出。

## 二、劳动力整体素质不高问题突出

一是群众文化素质低。受历史、地理、人文、传统等因素的影响，西南人口较少民族地区的贫困群众文化比较低，其中有很多行政村是“直过民族”地区转变过来。例如，西双版纳傣族自治州芒市西山乡的邦角村、弄丙村、崩强村、营盘村、毛讲村，遮放镇的拱岭村、弄丘村，五岔路乡的湾丹村、石板村、新寨村、五岔路村，中山乡的木城坡村、赛岗村，芒海乡的赖南村，三台山乡的勐丹村等村委会。这些村中多数群众文化程度在初中以下，文盲、半文盲占很大比例。由于文化层次偏低，这部分农民自身动力不足，加之受自然灾害、市场行情、疫病防控、技术指导等方面因素的制约，在产业发展上缺乏动力。加上他们小农经济意识较严重，种植养殖的生产经营方式陈旧，缺乏科技知识和市场经济意识，缺少农村实用新知识、新技术等，导致群众接受新的知识文化的能力相对较弱，劳动力转移输出到大城市大企业就业比较困难，只能从事一些体力型的工作。

二是群众普遍受教育程度低。西南人口较少民族平均受教育年限低，思想观念落后，自主发展意识薄弱，部分群众“等靠要”思想严重。群众文化知识水平直接影响到当地农业生产能力和经济社会管理能力建设。当地农业生产的机械化率几乎为零，只能停留在畜力耕种的原始阶段，大部分农民没有受过专门劳动技能培训，多数群众对规模化种植、精细化农耕技术和新兴农业管理知识一无所知，农业产业化发展面临人才严重缺失的问题，仅凭当地群众现有科技文化知识难以因应现代农业产业化、规模化、效益化、精细化、商品化、产销一体化浪潮冲击。加上封闭环境缺乏正向刺激，对贫困存在认知偏差。由于长期与外界相对隔绝，两类认知偏差在贫困群众中一定范围存在：一类将贫困原因简单归结为“没有条件”“我穷我有理”；另一类不认为自己贫困，甚至抵触 “被改善了的生活方式”。两类认知都影响其主动采取措施改变现状。

三是留守老人、留守儿童问题突出。西南人口较少民族的青壮年劳动力大多外出务工，留守农业生产的基本是年老体衰且受教育程度不高的老年人，由于长期生活在封闭的环境中，缺乏科学种养技术，接受新事物能力不强，新的种植、养殖、加工技术推广运用有一定的难度，农民在种养等产业发展过程中遇到的问题得不到及时解决，导致产业发展达不到预期效益。

## 三、产业发展难问题突出

一是产业集约化、规模化程度不高。首先，产业发展不平衡，特色水平不高，不上规模。各地乡（镇）有主导产业，但有的贫困村（户）产业欠缺特色，林下经济（养殖）发展缓慢，没有达到“一村一品”要求。其次，部分乡镇缺乏实力雄厚、带动能力强的龙头企业，农企联系不够紧密，存在订单好下、兑现难问题；缺乏实力雄厚、带动能力强的农业龙头企业，集约化、规模化、标准化程度不高，加工档次低，科技含量不高，产业链延伸有待加强。再次，农村经济合作组织运行缓慢，合作社大多虚设、空壳，缺乏有经营能力的带头人；应对市场风险能力较弱，服务体系不够健全。最后，行业品牌意识不强。虽然各民族均拥有较好的特色农产品产业，但局限于发展平台，创新性不足，没有形成较好的行业品牌。

二是农企联系不够紧密，利益联结机制亟待加强。一方面，龙头企业产品抗市场经济波动能力弱，带动贫困户增收能力不强，特色经济优势没有得到很好发挥，开发层次低，多为粗加工和原料型产品，贫困群众后续增收支撑项目缺乏。另一方面，企业与农户的利益联接关系不够紧密，部分农民小农意识根深蒂固，习惯于旧的生产方式，抗风险能力不强，对发展“绿色农业”“特色农业”和“生态农业”概念模糊。

三是农村土地流转缓慢，制约了现代特色农业的发展。首先，以家庭为单位分散经营仍然是农业经营主体方式，土地流转速度缓慢，土地规模经营程度很低，土地经营达不到适度规模。其次，普遍存在种植方式及品种不统一、各环节管理不统一、病虫害防治不统一等现象，不利于各种技术施展，水、肥、种子等浪费量大。最后，大量农村劳动力被束缚在现有土地上，不利于农业规模化、产业化、市场化发展，制约现代农业发展。

四是产业化建设缓慢。首先，农业发展的思路还不清晰，选准产业难度大。农业发展扶持的政策不配套、不完善，产业结构不合理，在规模、效益、品牌方面没有达到协调统一。其次，农产品的市场体系不健全，普遍缺乏农产品批发市场或交易市场。没有成熟的营销人才队伍。再次，农业科技服务体系不完善。没有形成科技服务队伍及科技服务支撑体系，农业生产以传统、落后的方式为主。乡村以交通、水利为代表的基础设施建设滞后，农村产业抗御自然灾害能力弱，物流成本高。最后，产业园区建设滞后。各地工业园区无审批权限、无工业用地、无融资平台、无建设资金，不具备自主开发建设园区的条件，且受地理区位等限制，形成一片多点发展现状，难以做到集聚发展。

五是农业发展风险大。首先，养殖技术风险。部分农户文化水平偏低，接受新知识、新技术的能力差，养殖过程中可能出现不按照技术人员的要求饲喂，主要凭老经验、土办法的情况，一定程度上存在养殖技术风险。其次，疾病防控风险。有的农户猪圈缝隙多、屋顶漏水，有的圈舍顶棚搭建过低、通风采光不理想，有的圈舍地面处理不规范、不利于排污清洗等，一定程度上存在疾病防控风险。再次，日常管理风险。农户在饲养过程中会出现圈舍卫生差、无关人员随意进出容易传播疾病、粪便随意堆积造成环境污染等问题。在疫病防治上，存在只注重饲养而不重视防疫、发现疾病不及时上报等问题。最后，诚信合作风险。在养殖过程中可能会出现极少部分养殖户不按照协议履行职责，不按要求规范饲养，不讲诚信合作，把公司提供的饲料饲喂自己原有的猪，或者出现变卖或宰杀公司提供喂养的猪等情况。

## 四、基础设施建设滞后问题突出

一是基础设施建设跟不上加快发展的需要。首先，各人口较少民族基础设施建设滞后、发展基础薄弱、对外吸引力不强。许多地区境内无高速路、无机场、无铁路、无航运、无管道运输，与周边地区的互联互通性差，公路技术等级普遍偏低。其次，通村、通组公路通畅率低，晴通雨阻现象突出，大部分群众出行难的问题尚未从根本上得到解决。最后，乡镇集镇基础设施薄弱，缺乏有效投入，城镇承载能力有限；农村发展基础、人居环境亟待改善。

二是基础设施建设跟不上改善民生的需要。首先，各民族地区财政自给率低，只能做到保工资、保运转，基础设施、民生改善、脱贫攻坚等事业发展基本都依靠上级财力支持，自身难以有更多的资金投入。其次，按照义务教育均衡发展、实现标准化建设需要，校舍、运动场地、设备配备等历史欠账太多，基础设施薄弱，发展条件受限。最后，大多数地区的卫生基础设施相对落后，公共服务覆盖率较低。一方面，由于卫生基础条件差，防疫工作跟不上，疫情疫病不能得到很好的控制，影响群众的生产生活；另一方面，还存在部分群众看不起病、住不起院的情况，“小病养、大病拖”的情况并不少见，因病致贫的情况也还存在。

三是交通结构性问题依然存在。首先，交通建设筹融资机制发生重大变化，资金保障压力和债务风险越来越大，导致地方部分高速公路由地方政府配套资金部分，短期内很难做到与上级补助同比例同时到位。其次，农村公路养护困难。农村公路纳入国家养护里程所占比例少，通行能力较低，晴通雨阻，群众出行难问题还未得到彻底解决。最后，交通项目受砂石料紧缺影响进展缓慢。由于受环保风暴影响，各地正实施的贫困村公路硬化建设项目因砂石料缺乏，导致项目建设进展缓慢。

## 五、发展资金缺口大问题突出

一是交通建设项目资金缺口大。首先，前期工作经费不足。由于人口较少民族大多数属于山区、半山区，公路布线翻山越岭、穿沟过河，土石方、桥涵和挡墙较多，投资成本大。然而各地社会经济发展水平较低，可支配财政和调控财力也较低，可投入公路建设的资金十分有限。大部分项目急需开展前期工作，项目前期工作经费紧缺，公路建设任务重与建设资金短缺矛盾十分突出。其次，缺乏养护资金，养护难度大。农村公路多为四级及等外级公路，技术等级低，路况差，长期缺少稳定和充足的建设、养护资金来源。特别是随着公路总里程不断增大，沥青、水泥路面不断增多，但可投入的养护费和养护补助标准基本不变，公路养护任务将进一步加重。最后，“十三五”期间交通部门实施的通村公路硬化建设项目上级补助为50万元/千米左右，而实际建设费用平均为75万元/千米。由于各地财政困难，无力安排项目配套，导致项目资金缺口大。

二是易地扶贫搬迁点基础建设资金缺口大。首先，易地整改调整形成的项目资金缺口较大。其次，县级实施的工业园区安置点，按照上级补助后，根据目前的建成成本，缺口资金也较大。最后，易地扶贫搬迁点道路项目在资金紧缺的情况下，各地为加快项目建设，采取让有实力的单位先行垫资修建，这方面欠债还款压力也较大。

三是群众期盼与财力保障之间的矛盾突出。首先，随着精准脱贫深入推进，人民群众对美好生活的向往更加强烈，人民群众的期盼和要求越来越高，但由于各地财政收支不平衡，历史欠账较大，一些无上级专项资金支持的在建项目更多是先建后补，县级资金压力非常大。其次，生态补偿资金有限。生态公益林补助标准不高，贫困签订管护合同的积极性不高，导致资金（管护补助）兑现率偏低；贫困人口生态护林员名额受限，出现“僧多粥少”现象。再次，随着精准扶贫、控辍保学工作的不断推进，脱贫人口进城入户，人口向城区行政村集中，生源增多，城区学校、乡镇中心学校及部分农村学校校舍拥挤，急需改扩建。但是预留教育建设用地不足，报批经费紧缺，成为制约项目推进的主要瓶颈。最后，脱贫资金整合不够灵活。统筹整合资金分解落实到项目较慢，直接影响项目实施进度和资金拨付率；一些部门扶贫规划滞后，项目库建设有待提高；对资金统筹整合和加快支出进度认识不够，导致部分部门重视不够，影响了扶贫效果。

## 六、可持续发展矛盾突出

一是资源富集与发展缓慢之间的矛盾突出。西南地区13个人口较少民族拥有丰富的资源，但资源优势难以转化为发展优势。首先，矿冶产业基本属于有色金属初级加工产业，技术含量和附加值不高，没有精深加工产品、无产业发展链、产品单一，未能发挥产业集聚效应，矿产资源综合利用水平低。其次，生物产业还处于建基地的层次，龙头企业实力弱、规模小，很多农特产品还属于家庭作坊式生产，销售市场仅限于县域内，没有品牌影响力。最后，旅游业培育步伐缓慢，旅游基础设施建设滞后，有些资源禀赋高的景点还处在可行性研究和发展规划编制阶段。

二是生态脆弱与发展空间制约之间的矛盾突出。首先，西南人口较少民族居住的溶岩地区、高寒山区山高坡陡，耕地分散且土层浅薄、贫瘠，耕作条件差，可利用面积少，单位产量低，生产生活条件恶劣。其次，由于地处山区，山高、坡陡、谷深，脆弱的生态承载了过量的人口，滑坡、泥石流灾害频繁，地质灾害隐患点多，生存和发展空间非常狭窄。坝区土地均为基本农田，发展用地、工业用地极为紧缺。不少县域被列为国家限制开发区，生态环境纳入国家监测的重点区域，保护与发展压力极大。最后，环境要求与巩固脱贫成果之间矛盾突出。一方面，约束因素增多，资金、土地、环保等要素供给进一步趋紧。推进公路建设项目面临的困难，既有地质条件复杂、工程造价高的环境因素，也有地方经济发展水平低、财力有限的现实情况；另一方面，人口较少民族地区主干道多位于国家道路网末梢，既存在投资效益不好的经济因素，也有金融监管政策不断收紧、防范化解重大风险措施不断加码的政策因素。

三是村级集体经济薄弱与发展壮大之间矛盾突出。首先，发展基础薄弱。一方面，实行家庭联产承包责任制、集体林权制度改革后，土地承包到户、林权到户、资产拍卖到户，属于村集体的资产资源减少；另一方面，村级集体经济融资十分困难，难以获得发展所需的信贷资金支持。农民专业合作社的生存能力和商业能力不强，带动作用极其有限。其次，资金需求缺口大。由于人口较少民族贫困面大，贫困程度深，所投入的财政涉农资金仅能满足最基本的贫困村、贫困人口退出考核指标，不能满足发展村集体经济的正常投入需求。最后，试点工作存在的问题。一方面，村集体经济项目周期要求过短。根据目前村集体经济资金项目管理要求，项目实施周期为一年。而部分种养殖项目的生产周期为两年以上，且多数项目完成的当年难以发挥效益。另一方面，混合经营模式受市场风险影响较大。由于混合经营模式中村集体经济项目载体为市场主体，其经营、发展受市场因素、人为因素等方面影响较大，种植业、养殖业还受到气候、疫情等影响，造成村集体经济项目的实施存在损失风险，村集体经济持续、稳定的收益同样存在风险。

## 七、巩固拓展脱贫成果受疫情影响问题突出

一是产业发展受到严重影响。首先，农时受到耽误。受新型冠状病毒疫情影响，2020年春耕备耕工作推进缓慢，农用物资流通渠道不畅，主要体现

在农时耽误和生产资料的不足，对养殖业的影响较为明显，养殖业需要的饲料供给存在渠道断裂的风险。其次，产业发展指导工作受到限制。由于疫情需要减少人群密集，所以指导农户学习技术、开展生产的机会大幅度减少。农户今后的种养殖计划存在不确定性。产业项目实施难度加大，疫情风险、市场风险交织在一起，产业项目实施条件受到限制。最后，扶贫产品销售和产业扶贫困难。贫困地区农畜牧产品卖不出去，农用物资运不进来，生产能力和消费能力下降，影响产业扶贫增收。

二是疫情对劳务输出的影响。外出务工是脱贫最为有效的途径，但是受疫情影响，县域农村劳动力转移就业渠道不畅。首先，组织难。疫情期间，各地人社局及时将线下活动转为线上，利用线上渠道“全天候、不打烊”地宣传就业政策、推送就业岗位、提供技能培训。但仍有一部分人不会运用网络平台，不能及时获取平台发布信息。一部分人不信任网络平台发布的信息，持观望态度。加之受各地企业复工时间和交通管制影响，规模组织劳动力外出就业困难。其次，输出难。在疫情防控期间，各地均实行交通管制，对人员内流严管严控，区域有就业意愿劳动力输出困难。最后，招聘难。在疫情未解除期间，各地暂缓开展向疫区的劳务输出和劳务派遣活动，取消前期已经安排的招聘会，人员招聘难。

三是边境防御和管控压力大。首先，随着境外疫情的持续不断发展，拐点尚未出现，在防控效果不明朗的情况下，中国面临更加复杂严峻的境外病例输入危险，西南13个人口较少民族中有9个是跨国民族，一旦出现“难民潮”，对于相对安全的中国来说就有可能成为难民的首选避难地，这些地区的边境防御和管控任务不难想象。其次，我国政府正在采取进一步的强有力措施，加强边境防御力量，强化边检工作，由海关、公安、武警、边防军、边境民兵及村民骨干组成强大的边防边检防护网，保证中国边境的绝对安全。这也将影响这些地区通过发展边贸来稳固脱贫成果。

# 第七章

# “十大举措”：西南地区人口较少民族巩固拓展脱贫成果同乡村振兴有效衔接的对策建议

随着各少数民族特别是人口较少民族如期完成了新时代脱贫攻坚目标任务，实现整族脱贫，习近平总书记对人口较少民族提出了新的要求和希望。2019年4月10日，习近平总书记在给云南省贡山县独龙江乡群众回信中强调，脱贫只是第一步，更好的日子还在后头。希望乡亲们再接再厉、奋发图强，同心协力建设好家乡、守护好边疆，努力创造独龙族更加美好的明天！[①] 2020年“两会”前期，习近平总书记对毛南族实现整族脱贫作出重要指示，强调希望乡亲们把脱贫作为奔向更加美好新生活的新起点，再接再厉，继续奋斗，让日子越过越红火[②]。在提出希望的同时，习近平总书记对今后巩固拓展脱贫攻坚成果作出了战略部署，2020年3月6日，习近平总书记在决战决胜脱贫攻坚座谈会上的讲话中明确指出，脱贫摘帽不是终点，而是新生活、新奋斗的起点。要针对主要矛盾的变化，理清工作思路，推动减贫战略和工作体系平稳转型，统筹纳入乡村振兴战略，建立长短结合、标本兼治的体制机制。这项工作，中央有关部门正在研究。总的要有利于激发欠发达地区和农村低收入人口发展的内生动力，有利于实施精准帮扶，促进逐步实现共同富裕。[③]《中共中央关于制定国民经济和社会发展第十四个五年规划和二〇三五年远景目标的建议》中就如何“实现巩固拓展脱贫攻坚成果同乡村振兴有效衔接”作出了具体部署和安排。在2020年12月3日中共中央政治局常务委员会上习近平总书记指出，当前，我国发展不平衡不充分的问题仍然突出，巩固拓展脱贫攻坚成果的任务依然艰巨。要深入贯彻落实党的十九

---

① 习近平：《同心协力建设好家乡守护好边疆 努力创造更加美好的明天》，《中国青年报》2019年4月12日。

② 习近平：《把脱贫作为奔向更加美好新生活的新起点，再接再厉继续奋斗让日子越过越红火》，《人民日报》2020年5月21日，第1版。

③ 习近平：《在决战决胜脱贫攻坚座谈会上的讲话》，《人民日报》2020年3月7日，第2版。

届五中全会精神，巩固拓展脱贫攻坚成果。[①] 在2020年12月28日到29日举行的中央农村工作会议上，习近平总书记又指出：“要坚决守住脱贫攻坚成果，做好巩固拓展脱贫攻坚成果同乡村振兴有效衔接，工作不留空当，政策不留空白。”[②] 这充分说明，实现人口较少民族巩固拓展脱贫攻坚成果同乡村振兴有效衔接是今后促进民族地区迈向现代化新征程的重点任务，是全面建设社会主义现代化国家的应有之义。因此，西南人口较少民族地区不仅需要立足当前、切实解决突出问题，更需要着眼长远、建立健全体制机制，为巩固拓展脱贫攻坚成果同乡村振兴有效衔接提供保障。

## 一、巩固拓展脱贫成果同乡村振兴有效衔接必须坚持的基本原则

一是巩固拓展脱贫成果同乡村振兴有效衔接与提升区域发展水平相结合的原则。坚持把巩固拓展脱贫攻坚成果与提升区域发展水平相结合，规划实施一批着眼于改善区域发展环境与条件的重大基础设施项目。西南人口较少民族各地“十四五”巩固拓展脱贫攻坚规划要与国民经济和社会发展“十四五”总体规划相衔接，与新型城镇化、信息化、工业化和农业现代化相结合，进一步推动脱贫攻坚成果的巩固和提升。

二是坚持巩固拓展脱贫成果同乡村振兴有效衔接与生态保护相结合的原则。牢固树立“绿水青山就是金山银山”理念，在巩固拓展脱贫成果的同时，切实加强生态保护与建设，不断探索生态脱贫、绿色减贫的新路子，高度重视加强生态环境保护与生态建设，推动产业开发与资源环境相协调，脱贫致富与可持续发展相促进，使贫困人口从生态保护中得到更多实惠。

三是坚持谋划长远与改革创新相结合的原则。在认真梳理各地‘十三五”期间扶贫开发相关规划实施情况的基础上，根据新形势、新要求，研究提出“十四五”时期脱贫攻坚的建设任务。深入改革创新，不断完善资金筹措、

① 习近平：《巩固拓展脱贫攻坚成果任务依然艰巨》，《北京青年报》2020年12月4日，第3版。

② 习近平：《坚持把解决好“三农”问题作为全党工作重中之重，促进农业高质高效乡村宜居宜业农民富裕富足》，《人民日报》2020月12月30日，第1版。

资源整合、利益联结、监督考评等工作机制，结合新阶段贫困治理主要矛盾转化的新要求，深入推进贫困治理体制的改革创新，形成有利于各方面优势充分发挥，全社会合力推进的贫困治理新格局。

四是坚持激发群众内生动力和全面落实主体责任的原则。一方面，坚持群众主体地位，保障贫困群众平等参与、平等发展权利，充分调动广大贫困群众积极性、主动性、创造性，发扬自强自立精神，依靠自身努力改变贫困落后面貌；另一方面，严格执行精准脱贫攻坚作战战区负责人和各村挂帅领导负责制，坚持问题导向和目标导向，挂图作战、强力推进。

五是促进产业就业增收与托底保障相结合的原则。在摆脱了绝对贫困之后，对于绝大多数人而言，巩固拓展脱贫成果的着力点在于持续稳定增收。因此，要继续做大做强现有扶贫产业，抓住国家推进供给侧结构性改革的机遇，推动扶贫产业转型升级，不断完善产业发展过程中各参与主体的利益联结机制，确保现有大多数贫困人口通过产业发展实现稳定增收。对于部分有劳动能力但缺乏产业发展条件的贫困人口而言，则需要依托东西部对口扶贫协作等方式畅通就业渠道，确保实现转移就业增收。对于少数缺乏劳动力的家庭而言，则需完善包括最低生活保障等一系列制度，落实落细精准帮扶政策，以“托底”保障实现其持续稳定脱贫。

六是坚持巩固拓展脱贫成果与乡村振兴同步推进的原则。把巩固拓展脱贫成果纳入乡村振兴战略，优化乡村生产生活生态空间，分类有序推进农业农村发展，奋力打造规划布局合理、现代产业兴旺、生态环境优美、民族文化繁荣、公共服务完善、治理体系健全、人气活力迸发、农村居民生活富裕的“和谐富美乡村”。

## 二、巩固拓展脱贫成果同乡村振兴有效衔接的基本思路

坚定不移贯彻新发展理念，巩固“十三五”时期扶贫开发成果，以谋划推进“十四五”规划为开始，探索减贫长效机制，全面提升农村居民物质文化生活品质、共享发展成果，巩固拓展脱贫成果与乡村振兴有效衔接。

一是指导思想。以习近平新时代中国特色社会主义思想尤其是习近平总书记关于扶贫工作与乡村振兴重要论述为指导，全面贯彻党的十九大，十九届二中、三中、四中、五中全会精神，适应我国开启全面建设社会主义现代化国家新征程、实现“第二个百年奋斗目标”的需要，全面贯彻落实党中央、国务院关于巩固拓展脱贫攻坚成果同乡村振兴有效衔接的重大战略部署，围绕扎实推进共同富裕的宏伟目标，顺应新阶段乡村贫困治理主要矛盾的变化趋势，聚焦“三农”工作的突出短板，创新巩固拓展脱贫成果工作思路，以建立完善长短结合、标本兼治的体制机制为抓手，以推动新阶段乡村贫困治理体系转型为切入点，以激发乡村欠发达区域和低收入人口的内生发展动力为重点，以深入实施精准帮扶为基本方略，坚持新发展理念，坚持巩固拓展脱贫成果与乡村振兴互促共进，结合西南人口较少民族地区区位优势、资源禀赋，重点实施乡村基础设施提级上档、基本公共服务实现全覆盖、扶贫产业转型升级、区域经济高质量发展、村级集体经济发展壮大、农村居民收入倍增等六大重点工程，持续推动农村低收入人口脱贫致富，促进广大人民群众的获得感、幸福感和安全感不断增强，开创新时代西南人口较少民族地区开发新格局，助推经济社会可持续高质量发展。

二是项目谋划。立足“特色农业、新型工业、红色旅游、边境贸易”四大产业，走生态农业为特色的“绿色经济”发展路子。首先，立足溶岩地区、高寒山区、热带丘陵立体气候和边境口岸优势，遵循“创新、协调、绿色、开放、共享”新发展理念，扩大特色农业产业规模，加快特色种植、养殖业发展，促进农业与第二、三产业的融合发展，不断完善农业产业生产经营体系，全面提升生产及供给水平、可持续发展水平、技术装备水平、适度规模经营水平。其次，积极引导企业加大投入，发展新型工业，加快技术改造和产业升级，按照“发挥优势、培植特色、产业聚集”的原则，促进工业产品深加工、精加工，带动资源深度开发，实现资源综合利用。加快工业园区建设，拓展产业链条，提升产品附加值，促进产业结构优化升级，提升工业发展质量。矿业方面坚持保存量与挖增量相结合，持续推进矿产资源“两整一提高”工作；新兴工业方面谋划布局大数据信息服务、生物制药和肉制品加工等产业；石材方面支持石材产业做大做强、多出精品，着力培育新的工业经济增长点。再次，将旅游产业和大健康产业发展结合起来，辐射带动沿途沿线、周边乡镇的各旅游功能区建设，积极打造集运动养生、民族风情、休闲度假、边境体验、观光旅游为一体的新型旅游景点。最后，改善人口较少民族地区边境贸易环境，加快推进跨国人口较少民族地区口岸货运通道建设，口岸查验货场、边民互市市场、边民互市市场迁建项目建设，充分发挥口岸优势。

三是做好与乡村振兴衔接工作。一方面，夯实产业基础。产业兴旺是实现乡村振兴的“火车头”。要加快转变农业发展方式、进一步优化农业产业产品结构、充分激发农业发展内生动力，真正实现产业兴旺。另一方面，加快人才振兴。人才匮乏是制约农村农业发展的一大瓶颈。要积极培养本土人才，激发他们热爱家乡的感情、扎根乡村的热情、干事创业的激情，充分发挥他们了解乡风民俗的优势，更好地服务家乡发展。千方百计鼓励外出能人返乡创业，为农村发展开拓新视野、集聚好资源、打造大产业。

## 三、巩固拓展脱贫成果同乡村振兴有效衔接的十大举措

全面建成小康社会、实现第一个百年奋斗目标之后，我们国家进入了开启全面建设社会主义现代化国家的新征程，在这个新的历史阶段，西南地区人口较少民族要进一步提高政治站位，强化政治担当，克服畏难思想、侥幸心理和厌战情绪，用心用情用力，要以“十四五”为过渡期，落实“脱贫摘帽县摘帽不摘责任、摘帽不摘政策、摘帽不摘帮扶、摘帽不摘监管的责任”，强化体制机制、政策延续、目标任务的衔接，工作不留空当，政策不留空白，做好巩固拓展脱贫攻坚成果同乡村振兴有效衔接，全面夯实乡村振兴基础。

一是健全防止返贫动态监测和帮扶机制。按照“摘帽不摘责任、摘帽不摘政策、摘帽不摘帮扶、摘帽不摘监管的责任”的要求，建立健全稳定脱贫长效机制，确保脱贫人口收入稳中有升不返贫，住房、教育、医疗持续得到

保障，杜绝出现返贫风险，巩固脱贫攻坚成果。对易返贫致贫人口实施常态化监测，重点监测收入水平变化和“两不愁三保障”巩固情况。以家庭为单位，精准监测建档立卡已脱贫但不稳定有返贫风险户、收入略高于建档立卡贫困户、有致贫风险的边缘户以及因病、因残、因灾、因疫情影响等引发的刚性支出明显超过上年度收入和收入大幅缩减，且有致贫或返贫风险的家庭。按照程序认定监测对象。建立定期监测、分类预警、动态帮扶机制，按照“缺啥补啥”原则，侧重产业就业增收、内生动力激发、社会综合保障、金融信贷支持等，因户施策，精准帮扶，确保脱贫群众持续稳定脱贫不返贫，易贫群众提升生活质量不致贫。

二是推动现代特色农业高质量发展。首先，加强粮食安全，落实“米袋子”党政同责负责制，实行最严格耕地保护制度，加强粮食功能区建设，提高粮食生产能力，做好粮食收储调控工作，开展粮食节约行动。其次，推动传统农业特色化高效化智能化转型升级。通过劳动、土地、服务、技术等生产要素优化组合，以工业化思维推动现代农林产业发展，科学布局建设一批现代农林业生产基地。加强粮食生产功能区建设，提高粮食生产能力，确保粮食安全。坚持农业供给侧结构性改革不动摇，加快形成区域特色优势产业集群。夯实现代农业基础，推进高标准农田建设，加强农业水利设施建设，强化农业科技和装备支撑，大力推广良种良法。加快建设智慧农业，推动物联网、大数据、区块链、人工智能等新型基础设施建设和现代信息技术应用。强化农业支持保护，健全动物防疫和农作物病虫害防治体系，加强动植物疫病害防控。再次，健全完善现代农业经营体系。着力增强新型农业经营主体带动发展能力，引导各类新型农业经营主体完善运行机制，提高现有新型农业经营主体运行、管理水平，加大新型农业经营主体培育力度。不断增强农民专业合作社、龙头企业等新型经营主体与贫困户的利益联结密度。重点培养一批规模大、起点高、带动能力强的特色水果生产加工龙头企业，引导产业向规模化、标准化、产业化发展。引导企业做好生产、市场、加工以及品牌经营的综合开发。以市场为导向，打造优质果品，做好冷链贮藏延长产业链，拉长供应期，扩大市场占有率。强化“三品一标”产品质量认证，建立产品质量安全可追溯体系，重点打造地方特色水果品牌，打开特色水果销售市场。最后，培育现代化新型职业农民群体。加强技术培训，培育网格化的技术人员。搭建职业农民交流平台，定期组织农民参加优秀农民的经验交流会，加强农民职业规划培训，实施职业资格准入制度，建立并完善农业从业人员职业标准，提高农民现代化素养。

三是不断拓宽群众增收致富路子。首先，找“准”适合群众发展的产业，提升自我“造血”功能。推动产业发展与乡村振兴融合，深入实施“一村一品”“一县一业”产业推进行动，完善和规范龙头企业捆定专业合作社和贫困户联动发展的利益联结机制，加强产销对接，做大做强传统产业，大力推广发展特色产业，保障持续稳定增收。其次，提高劳务输出组织化程度，推动低收入家庭有序转移就业，加强致富带头人培养，发挥村级党组织战斗堡垒作用。最后，持续开发乡村公共服务岗位和创建就业车间，实现有意愿、有劳力不具备外出务工条件的家庭至少有1人就近就地就业，拓宽群众增收致富路子。

四是全面实施乡村建设行动。首先，以交通、水利、能源、通信等为重点，进一步完善农村重点基础设施条件，为可持续发展打下坚实基础。其次，围绕特色种养产业基地、民族特色旅游村，建设一批产业路、旅游路，为游客进村、物资运输、产业发展提供交通基础。其次，加快大中型灌区、节水改造、小型农田水利工程建设，实现灌溉水源、灌排骨干工程与田间工程协调配套，全面提高农业发展水利保障能力。加强农村电网升级改造，进一步提高农村生活生产用电保障水平。再次，加强农村人居环境卫生整治。以农村“脏、乱、差”综合治理和村容村貌、户内庭院整治提升为重点，全面推进农村生活垃圾、生活污水治理，大力实施卫生厕所、垃圾堆放处理点等基础设施建设。推进农民群众开展村庄清洁和绿化行动，推进“美丽家园”建设，强化保洁制度完善落实，教育群众树立爱护生态和环境卫生的意识，引导群众转变落后的卫生习惯，改善美化村庄人居环境，减少疾病滋生传播，保障群众身体健康，引导群众养成良好卫生习惯。彻底解决人畜混居、粪污乱排、垃圾乱堆等突出问题，推动农村人居环境整治取得常态长治长效。最后，加快农村信息化服务体系建设，逐步完善农家书屋、村民活动场地健身器材等公共服务设施配备，不断丰富群众业余生活，提升公共服务水平。大力推进农村社区服务基础设施建设，健全农村超市和医疗卫生、文化体育等公共服务。加快信息网络建设，实现重点乡镇5G网络连续覆盖，加快推进农村广电网络升级改造。规范农房建设管理，提升农房建设质量。建立健全乡村公共基础设施管护长效机制，巩固乡村建设成果。

五是实施综合保障巩固提升工程。首先，认真落实低保动态管理机制，做好农村低保政策与扶贫开发政策有效衔接，确保“应扶尽扶、应保应保”。其次，统筹各类保障措施，建立以社会保险、社会救助、社会福利制度为主体，以社会帮扶、社工助力为辅助的综合保障体系，为完全丧失劳动力和部分丧失劳动能力且无法依靠产业就业帮扶脱贫的贫困人口提供保障。最后，建立健全留守儿童、妇女、老人关爱服务体系，加大医疗、教育、因故因灾临时救助力度，精准实施残疾人康复、特殊教育等工程，全面兜牢民生底线。

六是扎实推进易地扶贫搬迁后续帮扶工作。首先，坚持易地扶贫搬迁后续扶持再完善，加强搬迁社区治理，优化管理服务，引导搬迁人口参与当地社区管理和服务，围绕搬迁群众最关心、最直接、最现实的利益问题，确保过渡期内政策支持力度，进一步完善后续扶持政策体系，确保群众搬得出、稳得住、快融入、能致富。其次，多渠道促进就业。组织开展易地扶贫搬迁就业帮扶专项行动，通过推介就业信息、组织劳务输出、举办专场招聘会等形式，持续加大对搬迁群众的就业扶持力度。扩大易地扶贫搬迁集中安置点配套扶贫车间规模和公益岗位数量，开发安置区公共管理服务岗位和公益性岗位兜底就业，增加环保、服务等方面的新公益性岗位，提高公益性岗位覆盖面，确保有劳动力的搬迁贫困家庭至少有1人就业。再次，加强配套基础设施和公共服务。继续改善安置区道路条件，就近设置惠民市场，创造良好的居住环境。加快实现易地扶贫搬迁安置点基本公共服务均等化，持续做好教育、就医和社会保障各方面工作，切实解决好搬迁群众最关心、最直接、最现实、最迫切需要解决的突出问题。最后，搞好易地扶贫搬迁对象社会管理。建立搬迁脱贫对象原居住地政府管土地、林地等资产和村集体经济收益分配的保障制度，迁入地管户籍、教育、卫生、社会保障等服务管理制度，健全扶贫联络员、扶贫信息员及包户帮扶人员及行业扶贫人员的“四位一体”后续帮扶机制（即扶贫联络员指导帮扶，包户干部直接帮扶，扶贫信息员协助帮扶，行业扶贫人员专项帮扶），确保群众移得出、稳得住。

七是进一步激发群众内生动力。首先，坚持“富脑袋”和“富口袋”并重，加强扶贫同扶志、扶智相结合，加强开发式扶持同保障性帮扶相衔接，帮助相对贫困群众摆脱思想贫困、精神贫困。其次，认真开展“法治扶贫”“扶志和扶智”以及“知党恩、感党恩，热情好客、清洁文明家庭大比拼”等专项行动，强化对群众的宣传、教育和引导，不断激发相对贫困群众的内生动力，着力提高群众对脱贫攻坚工作的认可度、满意度。最后，建立有效的精神帮扶机制，鼓励群众通过发展产业、稳定就业实现稳定增收，切实提升脱贫群众的自我发展能力。

八是提升村级集体经济的发展能力。通过深化农村集体产权制度改革等方式，不断壮大农村集体经济。首先，拓宽发展渠道。借鉴成功经验做法，结合农村资源条件、区位优势等实际，大胆创新，充分运用强基惠农“股份合作”经济发展模式，实行多元化经营，继续采取盘活土地、荒山、房产等资源，发展乡村旅游，培育特色种养殖业，开办便民超市，提供劳务服务，入股合作社、企业等方式，拓展村级集体经济发展空间，扩大增收渠道，确保持续稳定增收。其次，大力培养复合型人才。注重把政治上靠得住、作风上过得硬、致富本领和带动能力强的各类人才选进村级班子。同时，对广大党员群众有针对性地开展市场经济、股份合作、经营管理、财务管理以及农村实用技术、技能的培训，增强党员群众增收致富能力。再次，加大资金扶持力度。强化工作指导，着力在项目实施环节下功夫，对村级集体经济立项、实施、资金管理等方面全程跟踪，扎实做好“十四五”期间集体经济项目申报和实施工作。积极整合各类资源，进一步加大贫困村发展壮大村级集体经济的资金扶持力度，解决贫困村发展集体经济资金不足的实际困难，切实增强贫困村“造血”功能。最后，强化村级资金监管。健全完善村级资金监管制度，提高村级基层组织提高资金使用效益，督促乡（镇）严格审核把关村级资金使用，定期公开，加大村级财务人员培训力度，确保村级资金管理有效规范。

九是持续推进东西部帮扶协作。首先，加大双方产业合作。围绕各人口较少民族特色产业，加大资金扶持力度，同时依托各自资源优势，加大招商引资，吸引东部实力雄厚企业落户人口较少民族地区，培育带动能力强、辐射面广的龙头企业。其次，加大人才交流。进一步加强两地干部交流和人才培训，深入开展互派干部交流挂职，全面推动跨地域间发展经验交流和人才互动，增强基层干部的感性认识和理性的思维。不断拓展渠道、拓展地域、拓展方式，通过远程教育、远程医疗、远程会诊、远程培训等形式进一步加大对人口较少民族地区基层党政干部、社区管理干部、农村致富带头人、医疗卫生、教育教学、农业科技人才等干部和专业技术人才培训力度。再次，加大劳务协作。积极开展有组织的劳务对接，主动与东部中小企业技术人才引进服务中心和东部对口支援地区就业服务工作站沟通对接，实现劳务输出人岗对接，保障稳定就业，提高劳务输出脱贫的组织化程度，达到“转移就业一人，致富一家”的目标。最后，加大消费扶贫。在深化双方调研对接、加大资金投入、产业项目扶持、加强对贫困村和贫困户帮扶的基础上，进一步推进“以购代捐”消费扶贫，不断拓展销售渠道，建立销售平台，通过线上、线下和直播等手段，加大对产品的宣传和推广，形成“产销”一体化销售模式。采取设立农产品展销中心，举办对口地区农产品展销会，购买消费扶贫大礼包等方式促进消费，加大对外宣传力度，以“文化+旅游”形式，吸引东部地区游客到西南人口较少民族地区体验民族风情特色旅游。

十是加强和创新乡村治理体系。首先，加快构建党组织领导的乡村治理体系。以习近平法治思想为指导，推进法治政府、法治社会一体化建设，加大政法机关建设、持续推进扫黑除恶工作常态化。全面健全以党组织为核心的乡村治理体系，强化基层服务队伍建设，激发基层党组织的内在活力，促进基层组织的规范化运行，提升基层组织在推进乡村治理中的能力。深化“乡村振兴·争创五旗”活动，开展“党旗领航·红旗联创”活动，每年评选一批“红旗村”“红旗屯（小组）”“红旗户”，在各屯组中形成比学赶超的氛围。大力实施“红色头雁”工程，建立村党组织书记动态调整优化机制，本村没有合适人员的，可尝试从乡党政机关、企事业单位优秀干部中选派。建设一支政治过硬、本领过硬、作风过硬的乡村振兴干部队伍。其次，深入推进平安乡村建设。全面加强平安乡村建设，着力打造良好政治、法治、社会、治安、生态等环境，促进人民群众安居乐业，保障社会公平正义，维护社会和谐稳定。夯实综治维稳基层基础，认真落实党政主要领导是第一责任人，分管领导是直接责任人，班子其他成员承担分管工作范围内社会治安综合治理的综治领导责任制，将综治维稳（平安建设）工作纳入党政重要议事日程。深入开展平安乡村创建活动，重点抓好平安家庭、平安村（社区）、平安乡镇（管委会、管理区）等基层平安创建活动，使乡村矛盾纠纷排查调处机制更加健全。深化拓展城乡网格化服务管理工作。积极推动社会治理重心向基层和网格延伸，不断提升基层社会治理社会化、法治化、智能化、专业化水平。最后，创新乡村治理方式。建立健全“党委政府领导、社会公众参与协同、法治全面保障”的现代乡村社会治理体制，牢固树牢“党建+乡村治理”的工作理念，以巩固党支部建设为核心，发挥党员在乡村治理中的示范带动作用，不断完善以村“两委”为核心的基层群众自治组织，充分发挥人民群众的主体作用，提升村民参与乡村治理的积极性、主动性。建立完善村民自治的有效形式，引导群众尊法学法守法用法，健全农村基层服务体系，构建简约高效的基层管理体制，推动乡村治理重心下移，激活乡村治理中农民的创新力量，不断增强他们的获得感和幸福感。

# 第八章

# “个案研究”：
## 独龙族“整族脱贫”研究报告[1]

---

① 本章内容已被中国民族发展蓝皮书《中国民族发展报告（2020）》收录。

党的十八大以来，习近平总书记创造性地提出精准扶贫精准脱贫基本方略，推动了扶贫减贫理论创新和实践创新。精准扶贫精准脱贫基本方略，源于扶贫开发的具体实践，蕴含着丰富的思想内涵，它强调贵在精准、重在精准，成败之举在于精准，这既是认识论、方法论，也是我们不断战胜贫困、摆脱贫困的强大思想力量。历史的车轮滚滚向前，如今新中国进入了全面决胜脱贫攻坚战的关键时间节点。基层领导干部在时代需求和党的号召下积极投身于这场历史性的关键战役，并在习近平总书记关于扶贫工作重要论述精神的指引下，科学合理地建立起长效机制保证贫困户的可持续发展，为打赢打好脱贫攻坚战贡献他们的力量与智慧。

## 一、习近平总书记对独龙族“整族脱贫”的殷切期盼

独龙族是我国人口在30万以下的28个人口较少民族之一，在全国只有6900多人，也是中华人民共和国成立初期一个从原始社会末期直接过渡到社会主义社会的“直过民族”，主要聚居在属于全国深度贫困地区“三州三区”之一的云南省怒江傈僳自治州的贡山独龙族怒族自治县独龙江乡。独龙江乡地处深山峡谷，自然条件恶劣，至今也仅有一条公路穿过莽莽高黎贡山通往县城，过去每年有大半年时间因大雪封山，使得独龙族人民与世隔离。由于交通闭塞导致独龙江乡虽然风景秀丽、特产丰富，但长期以来独龙族一直是云南乃至全国脱贫攻坚中最为“难啃的骨头”之一。2014年是独龙族社会发展史上的一个里程碑，这一年工程难度极大的高黎贡山隧道通车，千百年来阻拦在独龙族人民面前的大山被人类征服了，从此独龙族人花 3 个小时即可到达县城，实现了以最短的时间与外界联通的愿望。

2014年元旦前夕，在高黎贡山隧道即将通车的时刻，贡山县干部群众致

信习近平总书记，汇报了当地经济社会发展和人民生活改善的情况，报告了多年期盼的高黎贡山独龙江公路隧道即将贯通的消息，传达了从此独龙族将更紧密地投入祖国怀抱、与55个兄弟民族像石榴籽一样紧紧抱在一起的喜悦心情。习近平总书记接到信后立即给他们回信："向独龙族的乡亲们表示祝贺！"希望独龙族群众"加快脱贫致富步伐，早日实现与全国其他兄弟民族一道过上小康生活的美好梦想"。

2015年1月20日，到云南省考察的习近平总书记在行程中特地抽出时间，把当初写信的5位干部群众和2位独龙族妇女，专程接到昆明来见面。此次见面，习近平对乡亲们的生活情况细问详察，共同分享沧桑巨变带来的喜悦，对干部群众寄语频频。"我今天特别高兴，能够在这里同贡山独龙族怒族自治县的代表们见面。独龙族这个名字是周总理起的，虽然只有6900多人，人口不多，也是中华民族大家庭平等的一员，在中华人民共和国、中华民族大家庭之中骄傲地、有尊严地生活着，在中国共产党领导下，同各民族人民一起努力工作，为全面建成小康社会的目标奋斗。"他接着表示："你们生活在边境地区、高山地带，又是贫困地区，在新中国成立以前生活在原始状态里。新中国成立后，在党和政府关心下，独龙族从原始社会迈入社会主义，实现了第一次跨越。新世纪以来，我们又有了第二次跨越：同各族人民共同迈向小康。这个过程中，党和政府、全国各族人民会一如既往关心、支持、帮助独龙族。"习近平总书记在座谈中指出，独龙族和其他一些少数民族的沧桑巨变，证明了中国特色社会主义制度的优越性。前面的任务还很艰巨，我们要继续发挥我国制度的优越性，继续把工作做好、事情办好。全面实现小康，一个民族都不能少[①]。

2018年，独龙江乡6个行政村整体脱贫，独龙族实现整族脱贫，当地群众委托乡党委给习近平总书记写信，汇报独龙族实现整族脱贫的喜讯。

2019年4月10日，习近平总书记给乡亲们回信，祝贺独龙族实现整族脱贫。

① 李斌、李自良：《"全面实现小康，一个民族都不能少"：习近平总书记会见贡山独龙族怒族自治县干部群众代表侧记》，《光明日报》2015年1月23日，第1版。

在信里，习近平总书记说：“让各族群众都过上好日子，是我一直以来的心愿，也是我们共同奋斗的目标。新中国成立后，独龙族告别了刀耕火种的原始生活。进入新时代，独龙族摆脱了长期存在的贫困状况。这生动说明，有党的坚强领导，有广大人民群众的团结奋斗，人民追求幸福生活的梦想一定能够实现。”“脱贫只是第一步，更好的日子还在后头。”习近平总书记勉励乡亲们再接再厉、奋发图强，同心协力建设好家乡、守护好边疆，努力创造独龙族更加美好的明天。①

## 二、独龙族简介

独龙族是具有悠久历史的古老民族，属怒江地区的土著民族，历史上称为“俅”“俅扒”“洛”“曲洛”等，自称“独龙”②。新中国成立前独龙族由于受奴隶主和历代统治阶级的重重压迫和残酷掠夺，社会发展迟滞，生产落后，生活十分困难，直到1949年贡山解放，独龙族直接由原始社会末期过渡到社会主义社会，独龙族才获得新生。1952年，在周恩来总理的亲切关怀下，根据本民族的意愿，废除了“俅扒”“俅子”“曲洛”等歧视性称呼，正式定名为“独龙族”。

独龙族大部分聚居于中缅边界偏僻的独龙江流域，历史上长期属于化外之地，直到中华人民共和国成立前，独龙族社会仍处在以父系氏族为主的家庭公社（又称家族公社）解体时期。由于生产力的发展和私有制的逐渐确立，父系氏族的社会结构已很松散，在现实生活中起着主要作用的是家族公社。民国时期，虽推行了保甲制度，建立了统一的行政组织，但是原来以家族为基础的村社头人制度仍然存在。1950年4月，独龙江被设立为贡山县第四区，1969年改为独龙江公社，1984年改为独龙江区，1988年区改乡后称独龙江乡。开展精准脱贫以前，独龙江乡经济发展缓慢，各项基础设施滞后，生产力水平低，贫困人口多，贫困面广、贫困程度深，属边疆、民族、宗

---

① 金佳绪：《习近平与独龙族的故事》，《中国民族》2019年第5期。

② 李金明：《独龙族原始习俗与文化》，德宏民族出版社2016年版。

教、山区、贫困“五位一体”的国家重点扶持乡。国家实施退耕还林（草）和“天保”政策后（完成退耕12000亩，公益林7000亩），独龙江乡耕地面积199公顷，仅占总土地面积的0.21%。

## 三、独龙族“整族脱贫”的现实基础

近年来，在各级党委和政府的大力关心帮助以及当地基层干部的艰苦努力下，独龙江乡各项事业取得了前所未有的发展。1999年，独龙江公路通车；2002年，独龙江乡级机关经省人民政府批准由巴坡村搬迁至孔目村；2004年，独龙江第一次开通移动通信；2006年，独龙江乡村公路实现“村村通”；2007年实现村村通移动电话目标，等等，都标志着独龙江的经济社会有了飞速发展。

### （一）经济发展情况

截至2015年，全乡农村经济总收入1670万元，同比增长25.45%；农民人均经济纯收入3503元，同比增长38.73%；粮食播种面积5145亩，同比增长26.1%；粮食总产量999吨，同比增长7.07%；人均生产粮食237.6公斤，同比增长6.12%。

产业培育稳步推进。立足气候、区位、生态优势，以草果、重楼为龙头，其他林果产业为辅的发展模式，不断加大对产业的培育力度。2017年，新增草果种植面积19833亩，累计种植草果面积达73357亩，同比增长30.57%，产量744.1吨，经济收入584.22万元；滇重楼种植79亩，扩繁育苗10亩，累计种植重楼面积达1466亩，同比增长13.95%；建成投入使用草果烘干厂1个，成立专业合作社7个。有效推进了以草果、重楼为主的种植产业发展和以独龙牛、中蜂为主的养殖产业培育。

按照规模化、标准化、产业化、区域化的发展要求，不断加大对乡域产业的培育力度。2014年以来进一步加大了产业技术培训力度，进一步扩大了全乡产业种植规模，2014年发放草果苗124.3万苗，移栽草果苗24.2万苗，发放重楼苗167万苗，全年新增草果面积15524亩，重楼面积589亩，全年草果产量153.87吨，较2013年减少131.3吨。进一步加强种植业、养殖业扶持力度，兑现重楼种植补助资金140万元，兑现六个村重楼种植示范点补助资金25万元，兑现1万箱蜂箱项目补助资金100万元。强化中蜂养殖管理，蜂蜜产量达3770斤。进一步推进献九当村独龙原鸡保种扩繁基地建设，新增孔当村一组独龙原鸡保种扩繁基地。年内完成独龙牛投放250头。截至2014年底，全乡累计种植草果48524亩、重楼1289亩、花椒8700亩、核桃8000亩、董棕650亩、茶叶500亩，完成蔬菜大棚40亩，累计投放独龙牛700头，全乡累计牛存栏数1444头，其中独龙牛1190头。 有效推进了以草果、重楼为主的种植产业发展和以独龙牛、中蜂为主的养殖产业培育，拓宽了人民群众增加经济收入的渠道。

畜牧业取得新成就。大力发展具有本地特色的独龙鸡、独龙牛、独龙蜂养殖，拓宽了人民群众增加经济收入的渠道。2015年，大小牲畜存栏数7127头（只），同比增长2.7%；大小牲畜出栏数1325头（只），同比增长3.76%；蜂蜜产量达4158公斤，同比增加10.29%；投入120万元，投放犏牛（牦牛）120头；设立独龙原鸡保种扩繁基地1个；投放独龙牛526头；累计制作蜂箱15000箱，招养独龙蜂5000箱，全乡畜牧业发展取得长足进步。

## （二）教育、卫生、文化情况

基础教育稳步发展。一直以来独龙江乡坚持科教兴乡战略，切实把优先发展教育摆在更加突出的位置，认真贯彻执行党的教育方针政策。“两基”工作在巩固中不断提高，教育教学改革继续深化，“两免一补”政策落实到位，教学基础设施得到不断改善，教育教学质量进一步提高。全乡设有1所九年一贯制学校、2所村小学和1所乡幼儿园，2014年完成了马库国门小学基础设施建设。2015年马库国门小学正式开班教学。教师队伍进一步充实，全乡共有教职工88人专任教师61人。学校招生教学工作稳步推进，在校学生总人数为 618人。全面巩固义务教育“均衡”成果，加大依法控辍保学力度，严格落实各类教育惠农政策，义务教育阶段无学生因贫辍学。不断完善学前教育教学条件，教学质量进一步提高，教师队伍建设不断加强。2015年全乡适龄儿童入学率达到100%，适龄少年毛入学率达到100%、巩固率100 %。

农村医疗卫生和社会保障制度不断完善。一是积极推广普及新型农村合作医疗制度。2015年全乡新型农村合作医疗参合人数达3964人，签约家庭医生3891人。二是有效开展妇女儿童保健工作。三是不断健全农村社会保障制度。2014年全乡共有4105人纳入低保范围，占全乡农业人口数的94.36%，分别享受70元、80元、90元不等的农村最低生活保障金；新型农村和城镇居民养老保险参保人数达1432人，参保率32.91%，参保金15.6万元。

农村文化设施不断健全。全乡6个村委会只有2台（套）“村村通”广播电视节目接收和发射器，仅有不到10%的村民小组和村民可收看到广播电视节目。乡政府驻地2007年底已安装了有线电视，现目前，“村村通”有线电视正在进行中。至2015年底各村委会党员活动室已建成并投入使用；独龙族文化传承中心和独龙族博物馆主体工程已完工；各村文化活动室建设基本完成，并及时给予配备各村文化活动室影像设备及发放了相关科普书刊。

### （三）基础设施发展情况

交通方面。2014年，全长6680米的高黎贡山独龙江公路隧道全面贯通并投入使用。完成了全长10千米的独都至钦郎当路面硬化工程和全长8千米的巴坡至拉娃夺路面硬化工程，目前已竣工并投入使用。新开通孔当一二组生产公路，全长4千米，路基宽4.2米，已竣工并投入使用。已完成迪政当村熊当至迪布里全长22.3千米进藏公路、独都至马库老村委会全长4千米公路改扩建、丙当至肖旺当全长3千米通组公路、巴坡村至拉娃夺全长3千米牧场公路的测量设计工作，4条拟建公路现已进入开工准备阶段。独龙江乡三级客运站已竣工，并进入客运班线开通准备阶段。截至2015年底，全乡沥青路面和水泥路面里程达150千米、人马吊桥11座。

通电、通水方面。2014年由南方电网云南电网有限公司投入达2800万元资金建设的巴坡麻必当电站改扩建工程竣工并投产使用，总装机容量960千瓦。全年新建防洪堤5段全长821米，新建及维修供水管线27.1千米，总投资442万元。独龙江乡供电所综合楼竣工并投入使用，提升了全乡供电保障能力。截至2014年底，累计建设完成山洪沟治理工程9件，水利工程完成新建农田水利21件，改造农村安全饮水工程15件，架设20千伏输电线路112千米、投产运行电站2座，全乡电力装机容量累计达到1600千瓦。

通信方面。2004年10月独龙江乡开通了第一个移动电话后，2007年又有3个村开通了移动电话。2013年独龙江乡电信营业楼已开工建设，县城至独龙江公路通信光缆架设完毕，独龙江乡政府驻地孔当村程控电话、宽带网络全面开通，乡政府至马库正在架设光缆；移动通信网络已覆盖至独龙江乡所有村和自然村；独龙江乡邮政所正进行建设前期准备工作。目前，全乡6个村委会均实现了“村村通”移动电话，太阳能蓄电池取电，也常出现“晴通雨阻”状况。

旅游基础设施方面。按照独龙江乡旅游开发建设总体规划和5个民族文化旅游特色村规划，不断推进旅游基础设施建设，全面完成了普卡娃、迪政当、龙元、巴坡、钦兰当等5个民族文化旅游特色村建设，建成了县城至独龙江乡公路沿线5个观景台、钦兰当至迪政当公路沿线的10个观景台。截至2014年底，完成了5个民族文化特色村广场，以及旅游步行栈道、绕村公路、风景水利、游客服务中心、停车场、寨门、休憩亭、旅游公厕等工程。

住房保障方面。根据帮扶项目规划，积极推进安居工程和整村推进项目建设。全乡26个安置点共规划建设1068户安居房，到2014年底已完成所有安居房的建设和竣工验收工作，年内全面完成了钦兰当村最后10户安居房建设任务。到2014年底，累计建设完成安居房配套厨房490间，全乡已完成配套厨房覆盖率达45.9%。全面建设完成终验24个整村推进点，整村推进工程严格按规划建设完成了村间道路硬化、村民文化活动室、篮球场、卫生公厕、拉圾处理池、排污沟、庭院整治、人畜饮水工程等子项目。全乡累计完成了新建田埂3200米，新建田间道路3150米，新建排导槽520米，土地整治新增耕地321亩。

## 四、独龙族整族脱贫的主要措施

近年来独龙江乡坚持问题导向，针对独龙江发展的主要短板和制约，突出重点，整合资源，集中力量打攻坚战。

### （一）实施脱贫攻坚提升行动

全面贯彻落实习近平总书记关于扶贫工作的重要论述，围绕独龙江乡158户614人建档立卡贫困户、6个贫困村如期脱贫目标，实施精准扶贫精准脱贫，如期实现独龙族建档立卡贫困户脱贫退出、贫困村脱贫出列，实现独龙族整族脱贫。

#### 1. 生态补偿脱贫一批

新增乡村环境保洁员260人（26个安置点每个点10人）、河道管理员26人（26条河道，26人）、生态护林员2366人（按500亩林管护面积安排1位森管员计算，并扣除已有的234人生态护林员），确保每户安排公益性岗位2至3人，实现稳定性工资收入。

#### 2. 发展生产脱贫一批

对缺资金的5户22人、自身发展动力不足的4户13人，坚持因地制宜、因村施策、因人创业，发展种植羊肚菌200亩、百合20亩，养殖独龙鸡4000只、独龙蜂2000箱，种植草果苗50万苗、石斛150亩，扶持独龙族农家乐、特色客栈、特色产品加工户10户以上，产业项目覆盖所有建档立卡贫困人口。对村集体经济的发展进行重点扶持和继续加大培育壮大，实现每个村都有集体经济。新建村级便利店5个、养鸡场6个，发展独龙牛、独龙鸡、中华犭龙蜂养殖等项目，确保到2018年全乡6个村每个村实现集体经济收益5万元以上，同时以股权量化、收益分红的形式，给予贫困户一定的收益分红，确保农户有一定的经济收入。认真抓实职业技能培训，进行厨师、家政、竹编、农家乐、经营民宿等技能培训130人次，独龙鸡、水产等养殖培训180人次，民族服饰缝纫、护林技能、电焊工技能、家政服务员技能培训300人次，培养乡村旅游导游人才20人。

#### 3. 住房保障脱贫一批

对经鉴定后的2户C级危房户、9户D级危房户、2户无房户，通过新建幸福公寓21套，保证其房屋达到安全稳固的条件，以实现建档立卡户能够顺利脱贫。

4. 劳务输出脱贫一批

以珠海市对口帮扶怒江州为契机，每年动员20名以上独龙族适龄青年外出务工。

5. 社会保障兜底脱贫一批

对8户29人缺乏劳动能力的孤儿、残疾人，通过残疾人救助、国家低保政策予以兜底解决。

6. 发展教育和健康扶贫脱贫一批

对因学致贫的3户15人，落实14年免费教育政策，整合政府、社会帮扶资金，切实加大救助力度，实现脱贫。对因病致贫3户14人，实行健康扶贫实现脱贫。对未参加农村养老保险或城镇居民养老保险的398人，通过引导、帮扶等措施，实现家庭成员100%参缴目标。

（二）实施人居环境提升行动

集中力量开展“七改三清”和“两违”整治，彻底解决当前独龙江乡存在“房子乱搭、车辆乱停、管线乱拉、垃圾乱倒”的问题和“硬件与软件不协调、宏观与微观不协调、主导与主体不协调”等问题。

1. 开展环境卫生专项整治

一是健全卫生整治制度。把门前“三包”制度落到实处，建立稳定的乡村环境保洁员队伍，将人居环境提升工作纳入村规民约规范，建立健全农村环境卫生整治的常态化机制，切实加强“五个一”工作，每天黎明举行一次卫生清扫活动，每个星期由各村委会组织村干部带领村民进行一次大扫除活动，每个赶集日组织一次文明素质提升主题宣传活动，每5天组织一次回访活动、一次县级观摩会，促使农村群众养成科学、卫生的现代文明生活理念。

二是改善基础设施。完善配水管网建设16千米；新建集镇生活污水处理项目1个、重点村庄小型污水处理项目1个；新建配套排水管网 2千米；新建集镇生活垃圾收运、处理项目2个；新增转运站1座，中转规模5吨 /日；新增1吨以上收运车辆3辆。

三是强化庭院绿化美化。引导农民单独建设畜厩等附属用房或集中养殖区。每个村落集中选种一种花树，确保全乡1232户每户种一棵果树、一棵花，达到村容村貌干净整洁、环境舒适优美、乡村特色鲜明的目标。

四是开展“以电代柴”项目。对独龙江乡6个村委会26个自然村41个村民小组1232户，以电代柴电器发放的形式，每户补助2000元。

**2. 加快美丽乡村项目建设**

抓好拉旺夺村、雄当村、孔当村、龙元村、献九当、马库村6个省级村庄规划建设示范村配套基础设施建设，新建公厕项目19个、一体化污水处理设施6套、小型垃圾焚烧设备2套，垃圾房23座、高位水池7个，实施好道路工程、道路照明等工程。

**3. 开展“两违”专项整治**

开展“两违”专项整治。对独龙江乡集镇（乡政府驻地）范围内所有未经批准占用土地擅自建设和没有取得建设工程规划许可证或者违反建设工程规划许可证核定的“两违”建筑下发停工令、整改通知书等，并根据实际情况进行整改，对手续不齐全的责令补齐手续，对违规建设的该拆除的强制拆除。对涉及违建的7户农户下发停工令并要求限期补齐手续。对15668.89平方米与自然、生态不搭调、不和谐的彩钢瓦、铁皮瓦等全面清理，对砖砌围栏、围墙全面整改。持续开展店铺招牌协调规划整治工作。建立健全独龙族民居规范标准，严禁私搭乱建。

**（三）实施基础设施提升行动**

全力破解以交通为主的基础设施制约瓶颈，优化独龙江乡发展环境，助力脱贫攻坚。

**1. 提升交通基础设施建设**

一是建设美丽公路秘境之道。将独龙江公路作为美丽公路连接线，延伸美丽公路至中缅边界41号界碑、滇藏界迪布里，全力打造独龙江乡“秘境之道”，保护好公路沿线名木古树，选择适应性好的黄金水杉、冬樱花、玉兰花、杜鹃花、银杏等树种本地树种，把“秘境之道”两边绿化起来、美化起来。坚决把公路沿线的庄稼地退下来。对独龙江公路全线养护到位，对边沟不通畅进行清通，对路面积水路段进行排水治理，对因路水毁坏造成的基缺口路段增设安全防护措施，并设置安全警示标志标牌。

二是高质量完成项目建设。首先，按时按质完成独龙江公路及马迪公路改扩建提升工程和迪布里至中缅边界（41号）界桩国边防公路改造工程。其次，建成普卡旺桥、麻必洛桥、腊配桥、钦兰当河桥等交通要道的桥，建成独龙江乡百利、南代、龙冲、斗拉当等4座生产便桥。最后，完成县城至独龙江公路80千米路基路面改扩建工程，同时已完成公路沿线绿化带实施方案。

### 2. 提升旅游基础设施建设

完成国家4A级景区建设，成立独龙江景区管委会，完成独龙江麻必洛河白水漂流项目、独龙江人马驿道步道项目和独龙江至丙中洛旅游步道项目。不断推进秘境之道观景台建设以及野牛谷、亲近独龙牛、走进神田等项目旅游基础设施建设。

### 3. 提升电力保障设施建设

实施“大电力工程”建设，启动大网进入工程、电站改扩建工程，已完成35千伏输电线建设工程， 并于2018年底实现并网输电，根本上解决独龙江乡枯水季用电缺口大的问题。全面实施分类电价工程，优先保障生活用电。

### 4. 提升通信设施建设

一是扩大移动信号覆盖面。2017年9月底，已完成孔当、迪兰、巴坡新村4G站点开通；10月底，完成独龙江基站、白来基站、献九当基站等基站的传输设备升级，提高传输效率；11月底，完成马迪公路班村至滇藏交界点段的太阳能电池板安装。二是提升电信信号覆盖面。对独龙江公路沿线信号盲区进行4G基站整改补点工作，实现全乡公路沿线信号全覆盖。三是提升联通信号覆盖面。在3～5年内，建设基站23个，达到与电信、移动网络覆盖同等水平。

### 5. 开展独龙江特色小镇建设

结合《云南省人民政府关于加快特色小镇发展的意见》（云政发〔2017〕20号）文件精神（该文件鼓励云南省25个世居少数民族原则上各建成1个以上特色小镇），瞄准独龙族民族特色，认真贯彻落实国家和云南省新型城镇化指导方针，以可持续发展为主线，把独龙族特色小镇建成民族气息浓厚、产业特色鲜明、生态环境优美的少数民族特色小镇。

## （四）实施壮大村级集体经济行动

由于资源禀赋类似，独龙族六个行政村级集体经济的发展基本相似。

### 1. 六个行政村的基本情况

（1）迪政当村基本情况

迪政当村于独龙江乡政府北部30千米，东与丙中洛镇相邻，西与缅甸毗邻，南与龙元相接，西至西藏察隅县察瓦龙乡。境内有43号界桩，全村面积601.22平方千米，海拔1585米，年平均气温16.7℃，年降水量2856～3800毫米。迪政当村委会下有6个村民小组，分别为：迪政当、冷木当、雄当、普尔、木当、向红。全村有155户（572人），其中劳动力364人，99%为独龙族。全村155户农村低保户532人、五保户10人，8人残疾；2016年建档立卡贫困户31户114人，占全村总人口的18%，非建档立卡贫困户135户498人，占全村总人口的82%。义务教育入学率100%，在读学生（24人小学、8人高中、2人大学、8人中专）。

迪政当村拥有耕地面积329亩（旱地），人均耕地0.6亩，人均粮食产量300公斤。迪政当村林业资源丰富，拥有林地面积458087亩，因而林下经济发展较好，2016年当地重楼种植564亩、黄精种植80亩，独龙蜂、独龙鸡、独龙猪等养殖业也发展较快，这年人均纯收入4000元。迪政当村集体资产主要有出租房1栋，年租金收入1万元，村级可支配收入主要来源于基层党建工作经费5万元。

（2）龙元村基本情况

龙元村是一个以独龙族为主少数民族聚居村，龙元村位于贡山县独龙江乡，村委会距乡政府所在地22千米，东邻贡山县丙中洛镇，南邻独龙江乡献九当村，西邻缅甸，北邻独龙江乡迪政当村。下辖龙元一组、二组、白来、东给、龙仲5个村民小组，分设5个党支部。全村现有农户170户，人口578人，均为农业人口，劳动力324人（包括18岁的在校学），实际劳动力人口有217人，2017年低保户数50户，有215人享受低保。农民收入主要靠以玉米、薯类、豆类种植为主的种植业和以独龙牛、山羊养殖为主的畜牧业。主要产业有草果、重楼、中蜂种养殖，共种植草果5800亩、重楼460亩，花椒1800

棵，养殖中蜂2000箱。由于受地理、文化、民族等因素制约和限制，村级集体经济的发展一直受到制约，长期以来没有经营收入。

（3）献九当村基本情况

献九当村地处独龙江乡中部，距独龙江乡政府所在地9千米，东邻贡山县丙中洛乡，南邻独龙江乡孔当村，西邻缅甸国，北邻独龙江乡龙元村。下辖迪兰、肖切、献九当、丁给、丁拉梅、白利、齐当7个村民小组。现有农户223户753人，劳动力450人，其中从事第一产业人数415人。献九当村党总支下辖献九当、丁给、迪兰、肖切4个党支部，共有党员50人（含预备党员2人），入党积极分子6人，有5个村民小组活动室。

全村面积215.25平方千米，海拔1512米，有耕地面积503亩，人均耕地0.7亩，人均粮食195公斤。全村经济纯收入286.99万元，人均纯收入3811元。村民收入来自以玉米、薯类等种植为主的种植业和以独龙牛、山羊养殖为主的畜牧业，主要产业有草果、重楼种植和中蜂养殖。

（4）孔当村基本情况

孔当村地处独龙江乡中部乡政府所在地，全年日照时平均1100～1400小时，空气湿度达90%。距乡政府1千米，距县城96千米。到乡政府道路为柏油路，交通方便。东临贡山茨开镇，南邻独龙江乡巴坡村，西邻缅甸国，北邻独龙江乡献九当村。全村面积369.29平方千米。下辖孔当一组、二组、腊配、普卡娃、肖旺当、孔干、王美、肯迪、孔美、丙当、鲁腊11个村民小组。2016年有农户264户1051人，劳动力569人，独龙族1015人，占全村总人口的96.6%。耕地面积615亩，人均耕地0.58亩。村党总支下设7个党支部，目前有党员63人（其中预备党员5人）。

（5）巴坡村基本情况

巴坡村地处独龙江乡南部，距乡政府20千米，距县城116千米。到乡政府道路为柏油路，交通方便。东临贡山茨开镇，南邻独龙江乡马库村，西邻缅甸国，北邻独龙江乡孔当村。全村面积445平方千米。下辖斯拉洛、独务当、木兰当、麻扒拉、米里王、巴坡、孟顶、拉王多8个村民小组。2016年有农户223户861人，劳动力493人，独龙族850人，占全村总人口的98%。耕地面积560亩，林地面积43313亩，林地面积23200亩。村党总支下设4个党支部，目前有党员88人（其中预备党员4人）。有7个党群活动室（斯拉洛小组、独务当小组、木兰当小组、那洛底支部、巴坡村委会、孟顶小组、拉王多小组）。农民收入主要靠以玉米、薯类、豆类种植为主的种植业和以独龙牛、山羊养殖为主的畜牧业。主要产业有草果、重楼、中蜂种养殖。

（6）马库村基本情况

马库村地处独龙江乡最南端，与缅甸木克嘎接壤，东邻贡山县茨开镇，西、南邻缅甸，北邻独龙江乡巴坡村。距乡政府驻地40千米，辖4个村民小组，即马库、独都、钦兰当、迪兰当，境内有39号、40号、41号、42号界桩，全村面积86.08平方千米，海拔1200米，年平均气温19.2 ℃，年降水量2978～4000毫米。

马库村下辖4个小组，共79户286人，劳动力167人，其中从事第一产业人数176人，99%以上为独龙族，全村有在校生26人，其中大专2人、高中2人、中专2人、初中4人、小学14人、本科2人。

土地资源：有耕地面积167亩，人均耕地0.58亩，人均粮食253公斤，林地81398.55亩。经济作物：野山药4亩，草果5600亩，挂果1090亩，产量60吨，经济收入72万元。可开发利用资源有，竹笋4万公斤。中峰1200箱（使用中的有150箱），年出蜂蜜305斤，独龙鸡存栏1000只，独龙猪存栏140头。产业情况：主要以草果为主。村办集体企业有独龙牛养殖合作社（独龙牛200头）。

**2. 村级集体经济的发展模式**

结合实际情况，当地主要从以下几个方面探索村级集体经济的发展方式：

一是以发展产业带动村级集体经济的发展。采取组建专业合作社，租赁、流转无劳力无生产经营技术农户的土地发展特色产业，进行农特产品营销经营和搞养殖等方式寻求村级集体经济收入来源，发展壮大村级集体经济。

例如，孔当村通过独龙鸡和独龙蜂养殖发展了村级集体经济。

孔当村独龙鸡养殖。以“集中管理、分散养殖”的方式，通过“党员+致富带头人”模式，村委会以500只独龙鸡作为合作出资，通过村组选举的方式选出7户养殖，场地建设和鸡食由农户自行承担，村委会统一销售，集体经济收入30%归为村级、70%归为农户。

独龙蜂活框饲养项目。以“村委会+公司+农户”模式，村委会出资的90箱蜂箱统一养殖，专人管理（党员+建档立卡户共6人），蜂蜜统一销售，经济收入20%归为村级、80%归为农户。

二是租赁经营村级集体资产来发展村级集体经济。主要采取独立、联合、股份合作等方式，通过利用村内闲散地建设服务设施出租、铺面出租、房屋出租等经营方式获取稳定的村级集体经济收入。对村级集体现有经营性、资源性资产和闲置资源，采取承包的方式，提高经营效益，使资产增值增收。

例如，迪政当村结合本村民族特色优势，新建2500平方米规模的游客集散中心，达到50个房间90个床位接待需求及配套设施。并以迪布里公路后期建设为契机，结合本村区位优势，投资建设采沙场1个，投资40万元；采石场一个，投资50万元；独龙蜂养殖200箱，投资18万元；野生动物养殖点1个，投资30万元。这些项目的收入主要归集体所有。

三是以提供服务创收的方式来发展壮大村级集体经济。主要是围绕农业产业化，提供产前、产中、产后有偿社会化服务或创办经营性服务实体。

例如，马库村主要通过现有民族特色村旅游服务设施的出租收入和开放的马库边贸集市设施的出租收入来提高村级集体经济。2016年底收入有2万元。2017年底，边民互市16间铺面出租后，村集体经济每年能增加19200元收入。2017年10月，村委又申请成立贡山县独龙江乡马库村骏驰农产品经营部，上级部门支持资金20万元投入村集体经济建设，并成功进行农产品收购与销售，同时上级部门支持资金8万元，开设乡村超市，当前两项规划顺利实施， 2018年集体经济收入总和近6.5万元。

四是开发利用村级现有资源来发展壮大村级集体经济。主要是充分挖掘村内的林、水等自然资源潜力，由村集体单独或吸收其他资金参股进行开发。一方面鼓励村集体开展土地整理开发，增加村集体有效土地来发展非农业产业，提高村级集体收入；另一方面加大对集体河道、沙石资源的开发利用，使闲置的滩涂、塘堰、河道及水面发挥其经济效益。

例如，献九当村在县乡相关部门帮助整改下经营采沙场，通过合资控股方式发展村级集体经济，主要是向开采者提供沙场开采权和沙场场地作为股份，开采人则提供技术和设备及运营资金，村集体和开采人各占有50%股权，村集体拥有的5个沙场均按此模式经营。

## 五、独龙族整族脱贫的突出成效及巩固提升的艰巨任务

### （一）独龙族“整族脱贫”的历史性成就

截至2017年底，全乡农村经济总收入2069.07万元；农民人均经济纯收入4959元，同比增长16%。信用社各项存款余额2020万元，累计发放各类贷款1067.5万元，存量贷款余额817.05万元，独龙族的社会面貌焕然一新。

#### 1. 脱贫攻坚取得新成效

脱贫攻坚成效明显。这几年独龙江乡本着“应退尽退、应纳尽纳、应扶尽扶”的原则，严格对照“两不愁三保障”“十种情形”等相关标准，针对全乡“三类人员”进行贫情分析，开展入户调查。并结合独龙江乡的实际，坚持扶贫开发与社会主义新农村建设相结合，探索符合山区实际、注重群众增收的脱贫之路，紧紧瞄准贫困群体与贫困人口，大力实施开发式扶贫战略，不断完善扶贫开发机制，积极实施整村推进，扶贫攻坚工作取得了显著成效，贫困人口继续减少，农民收入持续增长，群众生产生活条件得到改善，农村经济保持稳步增长势头，社会事业有了新的进步。

精准脱贫有效推进。围绕“找出最贫困群众”这一核心，坚持问题导向和目标导向，狠抓对象精准，达到贫困条件确保纳入，达到脱贫标准及时退出，实现贫困户动态管理。坚持精准扶贫、精准脱贫基本方略，抓实“六个精准”，突出“五个一批”的主要脱贫路径，锁定对象、分类施策，挂图作战、加快推进，全面打响了独龙江脱贫攻坚战，圆满完成了各项脱贫指标。截至2017年底，独龙江乡已脱贫157户615人，除迪政当村其余已全部实现脱贫出列，截至目前，迪政当村未脱贫15户50人。

### 2. 夯实基础，农业农村工作取得新成效

产业培育稳步推进。立足气候、区位、生态优势，以草果、重楼种植为龙头，其他林果产业为辅的发展模式，不断加大对产业的培育力度。2017年，新增草果种植948.5亩，累计达到66086.5亩，同比增长1.46%，挂果25375亩，产量达742吨；新增重楼种植92.6亩，累计达到1640亩，同比增长4%；产核桃770公斤、板栗400公斤、花椒240公斤；木材采伐547立方米、竹柴65万根；采集野生竹叶菜1632公斤、竹笋4150公斤；招养独龙蜂4625箱，产量4926公斤；全年发放了草果35万苗，洋芋种8吨，羊肚菌260亩。建成规模48吨草果加工厂一个，共烘干526吨草果。有效推进了以草果、重楼为主的种植产业培育。

畜牧业取得新成就。大力发展具有本地特色的独龙鸡、独龙牛、独龙蜂养殖，拓宽了人民群众增加经济收入的渠道。2017年，大小牲畜存栏数23679头（只），同比增长4.1%；大小牲畜出栏数12210头（只），同比增长36%；招养独龙蜂4625箱，产量4926公斤，同比增加18%；设立独龙原鸡保种和控繁基地2个（乡政府养鸡场、老孔当一组农业局养殖场），独龙猪养殖场2个（斯拉洛学校基地养殖场、丙当小组养殖场）。全乡畜牧业发展取得长足进步。

安居温饱建设成果进一步巩固。一是改造农村安全饮水工程11件，新建沟渠333米，改、建公厕23座，修、建洗澡室16间，拆、建猪厩6间，修建车行道1270米，卫生道135米。二是不断推进安居温饱配套设施建设。截至2017年底，新建313户配套伙房自建项目已完成；开工新建村民文化活动室7个，完成建设3个；新建幸福公寓20套；完成了各村组路面硬化和各村排污沟、庭院整治、人畜饮水工程项目建设。

美丽农村成效凸显。农村面貌持续改善，制定出台环境卫生整治行动方案，扎实推进城乡污水乱排、垃圾乱扔、尘土乱飞、车辆乱停、房屋乱建“五乱”整治工作。引进好帮手保洁公司进行管理，配备6名保洁人员及垃圾清运车1辆，启动了以“小集镇为中心，北覆盖至龙元村、南覆盖至巴坡村”的垃圾统一清运、集中处理工作，乡人民政府聘用了32名公益性岗位人员

及配备两辆垃圾车，加强了集镇主街道、乡政府办公生活区、绿化带、公厕的卫生保洁工作，实现辖区内全覆盖；与个体工商户签订门前“三包”责任书45份，将环境卫生整治工作列入村规民约，组织干部、群众打扫除24次，发放分类垃圾桶500余个，农村环境“脏、乱、差”现象得到进一步改善。

### 3. 基础设施建设全面加强

交通建设稳步推进。一是积极配合推进独龙江通用机场项目前期工作，提供相关基础资料，做好选址工作；二是建设完成熊当至迪布里公路路基建设工程95%；三是开工建设6座跨江永久性大桥，其中，竣工彩虹桥、普卡旺、拉旺夺、斯拉洛4座大桥，正在推进红星、腊配2座大桥；四是完成白利、龙仲、南代、普卡旺4座人马吊桥；五是建成钦兰当巡界和生产两座人行吊桥；六是实施独龙江公路防护工程，抢通马钦公路独都塌方路段、肖切公路。交通瓶颈制约得到进一步解决。

电网建设步伐加快。一是完成“互联网+智慧能源”示范项目暨独龙江乡配网自动化完善工程，在2018年1月实现孔目电站与麻必当集中控制，解决独龙江枯水期600千瓦的负荷缺口；二是完成马库村委会生产基地及班小组通电工程立项工作；三是架设20千伏输电线路112千米，400伏低压线路43千米，完成“一户一表”1592户。

通信设施飞速发展。积极响应国家“宽带乡村”战略，新建迪布里基站2个、4G信号塔4个、光纤资源点26个。实现了全乡移动宽带和4G信号通信网络全光纤资源全覆盖。截至2017年底，宽带用户达1920户，手机4G用户达1271户。

### 4. 人居环境提升建设统筹推进

为进一步巩固和拓展独龙江乡整乡推进独龙族整族帮扶成果。一是开展“峡谷红旗飘”活动，以党的十九大精神鼓励群众“自强、诚信、感恩”，以“感党恩、跟党走、听党话”的精神振奋、鼓励群众。二是清理和改造全乡可视范围内废弃工棚、废弃生产用房、砖砌墙、围墙和彩钢瓦等同周围环境不协调的建筑物，绿化独龙江公路，改造装饰普卡旺景区房屋屋顶和院落等。三是加强乡村环境综合整治，实施“七改三清”（即改路、改房、改水、改电、改圈、改厕、改灶，清洁水源、清洁田园、清洁家园），切实改变乡村风貌，改善农村生产生活条件，逐步建立健全农村环境整治长效机制，确保全乡农村环境整洁优美，促进农村经济社会全面进步。

5. 生态建设稳步推进

按照生态文明建设要求，一是利用党员活动日等活动，开展环境警示教育，增强群众的环保、生态意识和环境忧患意识，把生态环境保护和建设变成全乡群众的自觉行动。截至2017年底，全乡共举行生态保护法律知识讲座35次，参与人数达4000多人次。二是加强管理国家级公益林，确保公益林区安全。安排14名专职管护员对面积达58478亩的巴坡村和马库村国家级公益林专职防护，专职管护员公益林区巡护123天。三是加强管理护林员队伍管理和自然保护区管理力度。森管员以村委会为单位的大型巡山次数达54次，森管员个体巡山次数次达4000人次。2017年，全乡建档立卡户纳入护林员队伍133名，累计发放补助127.68万元。四是认真落实高黎贡山国家级自然保护区、世界自然遗产“三江并流”核心区、独龙江国家公园等相关政策，严守“红线”，保住一片“净土”。五是实行独龙江流域生态屏障保护，严格执行“河长制”，实施《独龙江保护管理条例》，守住了青山绿水，独龙江竞选2017年全国“最美河流”并获得“优秀组织奖”，2017年荣获全国“森林文化小镇”称号。六是巩固退耕还林成果，实施“以电代柴”“柴改电”项目，免费发放电磁炉、电饭煲、洗衣机等11种家用电器1098套，

6. 社会事业建设不断健全

教育事业稳步发展。一是教育教学基础设施建设不断完善。全乡学校占地总面积达2.37万平方米，生均38.98平方米，校舍总面积1.33万平方米；二是“两基”工作不断提高，教育教学改革稳步推进，“两免一补”政策得到落实，“控辍保学”工作紧抓不放，“两基”档案严格管理，扫盲工作常抓不懈。三是教师队伍建设不断加强。全乡现有106名教职员工，专任教师83名。中小学在校生605人（小学在校生382人，初中在校生142人，学前学生81人），幼儿园在校生有53人。全乡适龄儿童入学率100%，初中阶段毛入学率

100%，巩固率100 %。

卫计工作不断加强。一是积极推广普及新型农村合作医疗制度。截至2017年底，全乡新型农村合作医疗参合人数达4032人，城镇医疗参合人数72人，参保总金额595500元，参合率达100%。二是不断增强医疗服务水平，提高出诊次数，很大程度缓解了群众看病难、看病贵的问题。三是贯彻落实国家计划免疫政策，推进防疫保健工作，防止传染病流行蔓延。四是加大“防艾”工作力度。坚持“预防为主”的工作方针，深入开展艾滋病防范知识宣传教育。五是不断加大医疗队伍建设力度，现乡中心卫生院有职工16人，其中医生7人、护士7人、财务1人，珠海帮扶挂职医生2人，带动开展了危重病人救治和疑难病例诊治，带教培养数名中心卫生院业务骨干医生，培训乡村医生100人次。六是开展家庭医生签约服务，共签约了907户3123人，其中建档立卡户158户614人，目前签约614人，签约覆盖率100%。七是建立健全已婚妇女和育龄妇女的监测机制，坚决查处违法超生行为。全面落实农村独生子女“奖、优、免、补”政策。积极推广计划生育药具使用和推进免费孕前优生健康检查工作。五年来，全乡人口增长率控制在5‰以内。

文体事业建设有序开展。一是文化设施建设取得新突破。积极推动乡文化站和村文化活动室建设，并及时给予配备各村文化活动室影像设备、发放相关科普书刊。二是提高小广场大喇叭利用率，协同配合县级文化部门开展三下乡活动。三是开展民族文化传承和保护工作，鼓励和支持传统手工艺制作、民俗歌舞等文化遗产和非物质文化遗产的传承和发展，举办传统手工艺制作技术培训100多期，组建了6支农民文艺演出队伍。

社会保障体系更加健全。累计各项民政资金支出24.07万元，发放救灾棉被201余床，累计受益人口达40余户，其中，发放农村“低保”金15.79万元、城镇居民最低生活保障金1.38万元、五保户供养补助4.32万元、孤儿生活补助1.099万元、救灾救助0.19万元、其他补助0.896万元。

**7. 社会和谐稳定局面不断巩固**

坚持党的宗教政策。依法管理宗教事务，深入基层宣传邪教组织对社会的危害性，强化了人民群众价值观念和是非观念；坚决打击各种敌对势力的分化、渗透和破坏活动，净化了社会环境；继续巩固“无邪教乡”和“无毒乡”的成果，维护了边疆安宁和社会稳定。

坚持抓安全生产管理工作。严格按照“预防为主、安全第一，安全责任、重于泰山”的管理理念，常抓生产安全、消防安全、交通安全工作，加大安全生产宣传力度，强化安全责任目标管理，层层签订目标落实责任，与全乡范围内的站所及行政村签订各类安全生产目标责任书。依法监督和管理机动车辆、交通运输、工程建设、护林防火、用电防盗、危险物品等安全工作，及时发现安全隐患，第一时间整改整顿，有效杜绝安全生产事故，确保群众生命财产安全。

### （二）独龙族提升脱贫攻坚成效的艰巨任务

在取得巨大成就同时，独龙江乡经济社会发展中还面临提升脱贫攻坚成效的艰巨任务。

第一，基础设施仍然薄弱。一是仅有单一的独龙江公路与外界联系，公路等级不高，弯多路窄，晴通雨阻现象十分突出。境内通村公路两头都是“口袋底”，公路等级不高，弯多路窄，也是晴通雨阻。二是两座电站总装机容量1600千瓦，枯水期用电不足，雨季受灾多，运行不正常，维护任务重，加上近年用电需求不断增加，原有装机已不能满足需要。三是江河灾情频发，水土流失严重，江河治理工作任务重。四是通信设施仍然需要完善，网线裸露、杂乱无章，既影响旅游景点景区服务又影响乡容乡貌。

第二，山区地形仍然制约经济结构完善。全乡经济主要以农业为主，工业基本空白，第三产业中，旅游业是能让独龙江实现持续发展的绿色产业，但目前独龙江的基础设施仍然薄弱，旅游产业基本处于起步阶段，受六丙路施工和景区暂停关闭等影响，难以发挥效益，配套的服务业发展滞后。

第三，传统观念仍然制约农民素质。首先，农民受传统观念的影响大，很多农民观念陈旧、思想保守，科学文化知识严重缺乏，不敢冒市场风险，不能积极主动开辟增收门路，以致严重阻碍了农村经济的发展。其次，村级集体经济薄弱，全乡6个村大都是“空壳村”，村级集体经济非常薄弱。再次，由于长期封闭，习惯故步自封，不喜欢外出打工，也不愿意打工，致富难。最后，家庭对教育重视不够，少部分子女受环境影响，出现厌学、辍学等情况。

第四，扶贫项目实施难度不小。首先，由于受独龙江乡地理位置及气候环境的影响，雨季长、自然灾害频发等原因导致个别扶贫项目实施困难，项目实施时间较长，未能如期报账。其次，扶贫项目实施过程中，因独龙江乡工作人员欠缺项目实施、招标、后期审计等专业知识，加之工作经验不足，造成项目实施滞后，存在报账拖沓现象。

第五，可持续脱贫面临挑战。一是群众自我发展意识淡薄，在一定范围内依然存在“等靠要”的依赖思想；二是群众整体素质不高，重教意识淡薄，素质提高工作开展难度大；三是农业产业结构不合理，增收渠道单一粗放，农民增收困难、增收缓慢的问题依然存在；四是农业产业抵御自然灾害的能力弱，群众管理提高能力不强，存在投入和产出的比例不协调、产量产质波动幅度大的问题；五是配套产业发展的基础设施依然不足，制约了种植产业规模扩大和牧场开发利用，产业规模化发展达不到预期总体目标。

## 六、独龙族“整族脱贫”的经验启示

一是秉持“少数民族一个都不能少”的初心使命，夯实脱贫责任。全面加强独龙江乡整体提升行动工作的组织领导，按照“州统筹、县负责、乡村抓落实”的工作原则，建立三支队伍，即州级协调领导小组（由州委常委、州委组织部部长王刚为组长，以州人大副主任和志阳、州人民政府副州长娜阿塔、州政协秘书长赵振中为副组长）、县级领导小组（以贡山县委副书记、县委组织部部长赵在良为组长，以挂钩联系独龙江乡各村处级负责人为副组长）、独龙江整体提升工作队（以独龙江乡党委书记和进义为组长，以独龙江乡人民政府乡长孔玉才以及驻村扶贫工作队队长为副组长），做到氛围营造到位、环境提升到位、“两违”整治到位、典型打造到位、组织领导到位、发动群众到位。

二是秉持“一分耕耘、一分收获”的多元投入保障理念。盘点项目，抓实投资。把政策用充分，把项目理清楚，把投资算明白，加大资金筹措力度，州级部门主动向上对接衔接，积极争取，有效解决资金缺口，贡山县充分用好国家涉农资金整合政策，加大统筹力度，提高资金保障能力，确保规划投资的项目能落地、见成效。严格“三禁”，净化环境。实行污染物严格禁入制度，严禁白色垃圾、玻璃瓶罐流入独龙江乡境内。狠抓“扫黄打非”工作，坚决将“黄赌毒”拒之于独龙江之外。要在落实“四员”政策上先行先试。全面落实河道管理员、生态护林员、农村乡村环境保洁员、地质灾害监测员制度，把更多的指标向独龙江乡倾斜，确保“四员”应保尽保。健全村规民约，强化基层自治。提高群众自我管理、自我治理、自我约束的意识和能力，帮助每个村制定一套村规民约，把约定俗成的好传统写进去，把好的家规族规传下来，把各家各户的责任定起来，让群众自定规矩、自愿参与、自觉监督。

三是秉持“少数民族群众脱贫，干部‘脱皮’”的责任保障理念。责任落实要到位。州、县、乡三级围绕独龙江乡整体提升行动责任职责，主动作为，主要领导要对涉及的重大事项亲自安排、亲自部署、亲自协调、亲自检查，相关涉及部门和单位在人、财、物给予更多倾斜。督查工作要跟上。实行督查检查的常态化机制，围绕清单目录，一一督查检查。整改问题要及时。把整改纠正贯彻于各项工作全过程，正视矛盾和问题，对工作推进中的不足和短板，要强化力量，迅速行动，及时整改，一抓到底。问责处理要到位。对在工作中作风散漫、主动积极不够、不敢担当、推诿扯皮、效率低下、工作成效不明显的，要启动问责机制，该处分的处分，该降职的降职，让先进者得到表彰奖励，让后进者受到处分问责。

# 参考文献

## （一）专著

1. 习近平：《习近平谈治国理政》，外文出版社 2014年版。
2. 习近平：《习近平谈治国理政》（第二卷），外文出版社2017年版。
3. 中共中央党史和文献研究院：《习近平扶贫论述摘编》，中央文献出版社2018年版。
4. 中共中央宣传部：《习近平总书记系列重要讲话读本》，学习出版社、人民出版社2016年版。
5. 谭诗斌：《自然贫困线原理、方法与实证研究》，武汉大学出版社2018年版。
6. 王小林：《贫困测量理论与方法》（第2版），社会科学文献出版社2017年版。
7. 左停：《社会保障与减贫发展》，湖南人民出版社2018年版。
8. 朱玉福：《中国扶持人口较少民族发展的理论与政策研究》，民族出版社2015年版。
9. 李月英：《“三江并流”区的怒族人家》，民族出版社2005年版。
10. 杨照辉：《普米族文化探幽》，云南民族出版社2008年版。
11. 李金明：《独龙族原始习俗与文化》，德宏民族出版社2016年版。
12. 和建华：《滇西北民族文化调查与研究》，云南民族出版社2008年版。
13. 刘达成：《怒族文化大观》，云南民族出版社1999年版。
14. 朱德发、李松发：《兰坪风物志》，云南民族出版社2014年版。

15. 云南省民族学会景颇族研究委员会：《景颇族研究》（第二辑），云南民族出版社2010年版。

16. 赵沛曦、张波：《怒族历史与文化》，云南民族出版社2007年版。

## （二）期刊论文

1. 汪三贵、曾小溪：《从区域扶贫开发到精准扶贫——改革开放40年中国扶贫政策的演进及脱贫攻坚的难点和对策》，《农业经济问题》2018年第8期。

2. 李小云、许汉泽：《2020年后扶贫工作的若干思考》，《国家行政学院学报》2018年第1 期。

3. 张琦、孔梅：《“十四五”时期我国的减贫目标及战略重点》，《改革》2019年第11期。

4. 孙久文、夏添：《中国扶贫战略与2020年后相对贫困线划定——基于理论、政策和数据的分析》，《中国农村经济》2019第10期。

5. 叶兴庆、殷浩栋：《从消除绝对贫困到缓解相对贫困——中国减贫历程与2020年后的减贫战略》，《 改革》2019年第12期。

6. 白永秀、刘盼：《全面建成小康社会后我国城乡反贫困的特点、难点与重点》，《改革》2019年第5期。

7. 向德平、华汛子：《改革开放四十年中国贫困治理的历程、经验与前瞻》，《新疆师范大学学报（哲学社会科学版）》2019年第3期。

8. 雷明：《扶贫战略新定位与扶贫重点》，《改革》2016年第8期。

9. 郑长德：《 2020年后民族地区贫困治理的思路与路径研究》，《民族学刊》2018年第6期。

10. 吴宗敏、吴宇：《全球贫困治理的深化与中国的实践创新》，《江苏大学学报（社会科学版）》2019年第1期。

11. 刘义圣、许彩玲：《习近平反贫困思想及对发展中国家的理论借鉴》，《东南学术》2016年第2期。

12. 李英勤：《贵州人口较少民族区域发展、扶贫开发与生态建设良性互动机制探析》，《凯里学院学报》2013年第8期。

13. 朱玉福、伍淑花：《人口较少民族精准扶贫须走特色经济之路——以西藏人口较少民族门巴族、珞巴族为例》，《广西民族研究》2018年第10期。
14. 朱玉福、伍淑花：《西藏实行民族区域自治50年的生动实践：人口较少民族的发展进步——兼论门巴族、珞巴族扶持效果》，《西藏民族大学学报（哲学社会科学版）》2015年第10期。
15. 韩斌：《人口较少民族自我发展能力现状与提升路径》，《学术探索》2014年第6期。
16. 耿新：《扶持人口较少民族发展政策的演变、特点与启示》，《新华文摘》2019年第12期。

## （三）学位论文

1. 李炎：《云南人口较少民族人口政策研究》，吉林大学硕士学位论文，2013年。
2. 汪月：《贵州省扶持人口较少民族发展政策实证研究——以麻江县仫佬族为例》，贵州民族大学硕士学位论文，2017年。
3. 刘扬：《云南人口较少民族扶贫问题研究》，昆明理工大学硕士学位论文，2012年。
4. 杨艳 ：《云南贡山独龙江乡的扶贫与发展研究》，中南民族大学博士学位论文，2018年。
5. 冼祥芳：《我国人口较少民族扶持政策研究——以怒江州贡山县独龙族为例》，中南财经大学公共管理硕士研究生学位论文，2015年。

# 结　语

2020年是我国如期打赢脱贫攻坚战、全面建成小康社会的收官之年，千百年来困扰中华民族的绝对贫困问题成为历史。在全面建成小康社会、实现第一个百年奋斗目标之后，我们开启了全面建设社会主义现代化国家新征程，向第二个百年奋斗目标进军，这标志着我国进入了一个新发展阶段。在新发展阶段，我国相对贫困将取代绝对贫困成为贫困群体的主体，集中连片的区域性贫困分布将转变为散点分布，以农村贫困为主转变为农村和城镇贫困并存，老少病残等特殊群体将成为主要的贫困群体，总体上以“低收入人口、欠发达地区”的特征表现出来。习近平总书记在2020年中央农村工作会议上指出，在向第二个百年奋斗目标迈进的历史关口，巩固和拓展脱贫攻坚成果，全面推进乡村振兴，加快农业农村现代化，是需要全党高度重视的一个关系大局的重大问题。习近平总书记强调全党务必充分认识新发展阶段做好“三农”工作的重要性和紧迫性，坚持把解决好“三农”问题作为全党工作重中之重，举全党全社会之力推动乡村振兴，促进农业高质高效、乡村宜居宜业、农民富裕富足。

虽然西南人口较少民族取得了整族脱贫的骄人业绩，但这些地区由于发展基础相对薄弱，“欠发达、后发展”的基本情况尚未根本改变，不平衡不充分发展问题依然突出，主要表现为经济总量不大、产业延链补链任务重、三产融合度有待提升、对外开放亟待加强、进出口贸易总量小、经济运行质量和效益不高；人才总量不足，高层次人才尤为紧缺，企业创新发展能力总体薄弱；供给侧结构性改革有待深化，要素成本偏高，营商环境有待改善；

社会事业发展仍较滞后，城乡基本公共服务均等化有待加强，民生改善任务繁重；等等。因此，西南人口较少民族地区务必胸怀“两个大局”，务必坚定信心和决心，做好“危”的化解，善把“机”的态势，谋求“质”的提升，迎难而上、顺势而为，牢牢把握高质量发展的主动权。

一是坚持系统谋划，使经济实力“壮”起来。一方面，各地要充分挖掘增长潜力，争取经济增速保持高于全国平均水平，使经济总量明显提升、综合实力大幅增强，在基本实现社会主义现代化中“不掉队”。另一方面，全面推进乡村振兴战略，扎实推进乡村建设行动，深化农业农村改革，促进农业高质量发展。

二是坚持新发展理念，使产业结构“优”起来。一方面，坚持扶产业就是扶根本的理念，以提高产业组织化程度为根本，用新理念新机制新技术补齐产业发展短板，为乡村振兴提供强有力的产业支撑，确保稳定增收、持续增长，以实现农民“生活富裕”起来。另一方面，持续深入推进新型工业化、智能信息化、新型城镇化、农业现代化建设，推动传统产业加快转型升级，新兴产业加快发展，使三产结构不断得到优化。同时，注重把产业扶贫项目与农业产业、乡村旅游、乡土文化和特色民居建设结合起来，建设一批生态宜居示范自然村屯，引领“宜居乡村”全面发展。

三是坚持以人民为中心，使人民生活“富”起来。一方面，实现更加充分更高质量就业，居民收入增长和经济增长基本同步，城乡居民收入差距进一步缩小；着力提高人民生活品质，就业、教育、医疗卫生、社保、养老等公共服务体系更加健全，不断满足人民的物质需求。另一方面，加强社会主义精神文明建设，要继续把扶贫与扶志、扶智结合起来，加大社会主义核心价值体系的宣传力度，加快农村文化基础设施建设，广泛开展爱国主义和革命传统教育，弘扬社会主义道德。要深入开展乡村移风易俗行动，构建乡村文明、邻里和谐、尊老爱幼的新型农民关系，不断满足人民群众的精神需求。

四是坚持规划引领，使乡村“美”起来。一方面，充分利用脱贫攻坚5年过渡期政策，服从大局抓总规，统筹城镇和村庄规划建设，推进“多规合一”实用性村庄规划，突出特色抓详规，合理确定村庄布局分类，加强分类指导，注重保护传统村落和乡村特色。实施乡村风貌提升工程，推动重要交通沿线乡村风貌改造升级，打造美丽宜居乡村。另一方面，牢固树立“绿水青山就是金山银山”的理念，深入实施可持续发展战略，全面提升生态环境空间容量，持续推进环境污染防治，全面推进农村改厕、清洁能源使用，加强垃圾处理、污水治理设施建设，提高乡镇垃圾、污水处理水平，加强畜禽粪污无害化处理和资源化利用设施建设，着力改善农村人居环境。

五是坚持创新引领，使治理效能“强”起来。首先，坚持以自治为基础，发挥基层党组织和村“两委”的领导作用，推进农村公共事务管理与乡村振兴紧密结合；坚持发扬基层民主，实行村务公开、“一事一议”制度。其次，坚持以法治为保障，不断健全社会主义民主法治，使社会公平正义进一步彰显，不断推进贫困乡村的有效治理。最后，坚持以德治为引领，以德治村，全面加强农村思想道德建设，培育文明乡风、良好家风、淳朴民风，提升农民精神风貌，助推乡村振兴战略。